中文社会科学引文索引（CSSCI）来源集刊

当代会计评论

Contemporary Accounting Review

2019年
第12卷第3辑
（总第27辑）
Volume12 Number3 2019

教育部人文社会科学重点研究基地厦门大学会计发展研究中心 主办
厦门大学管理学院会计学系　厦门大学财务管理与会计研究院 协办

科学出版社
北京

内 容 简 介

本辑同样包括两组论文，第一组为制度描述和文献综述部分，包括两篇论文，我国私营企业家的主观社会地位与企业创新投入的关系，这是一项基于二十余年调查数据的分析，有助于我们理解我国私营企业家的主观社会地位、企业创新投入及更深层次的社会经济关系；上市公司股东大会的治理作用，是一个经常被关注、很少被研究的话题，“上市公司股东大会治理作用：研究回顾与中国实践”不仅对制度、实践做了描述，还尝试提出潜在的研究话题。第二组为研究论文部分，包括四篇论文，分别涉及研发支出削减的相关影响因素，上市公司网络舆情应对的经济后果案例研究，审计报告改革对审计质量的影响，审计委员会召集人特征、CEO 权力对公司盈余信息质量的影响。

本刊以发表原创性文章（研究方法不限）与综述性文章为主，反映学科前沿和应用研究的最新进展，适于从事本学科学术研究的人员阅读，可作为本学科博士研究生、硕士研究生的教学内容，也适合会计准则制定者和证券监管者参考。

图书在版编目（CIP）数据

当代会计评论. 第 12 卷. 第 3 辑：总第 27 辑 / 教育部人文社会科学重点研究基地厦门大学会计发展研究中心主办；厦门大学管理学院会计学系，厦门大学财务管理与会计研究院协办. —北京：科学出版社，2019.12

ISBN 978-7-03-063084-1

Ⅰ. ①当…　Ⅱ. ①教…　②厦…　③厦…　Ⅲ. ①会计学–丛刊

Ⅳ. ①F230-55

中国版本图书馆 CIP 数据核字（2019）第 248529 号

责任编辑：陈会迎 / 责任校对：王丹妮

责任印制：张　伟 / 封面设计：无极书装

科学出版社出版

北京东黄城根北街 16 号

邮政编码：100717

http://www.sciencep.com

北京虎彩文化传播有限公司印刷

科学出版社发行　各地新华书店经销

*

2019 年 12 月第　一　版　开本：787 × 1092　1/16

2019 年 12 月第一次印刷　印张：8 3/4　插页：1

字数：210 000

定价：88.00 元

（如有印装质量问题，我社负责调换）

当代会计评论
第12卷第3辑
2019年

Contemporary Accounting Review
Vol.12 No.3
2019

目　　录

论文

当代会计评论
第12卷第3辑
2019年

Contemporary Accounting Review
Vol.12 No.3
2019

CONTENTS

Articles

当代会计评论 Contemporary Accounting Review
第12卷第3辑 Vol.12 No.3
2019年 2019

私营企业家的主观社会地位与企业创新投入
——一项基于二十余年调查数据的分析*

张俊生[1,2,3] 霍铮[2] 朱沆[2]
（1.中山大学现代会计与财务研究中心，广东 广州 510275；2. 中山大学管理学院，广东 广州 510275；3. 中山大学南方学院会计学院，广东 广州 510970）

【摘要】 本文从影响个体行为的一个重要内在特征——主观社会地位的视角分析中国私营企业家的创新投入行为。基于全国私营企业调查二十余年数据（1993~2014年）的研究结果显示：①中国只有1/3的私营企业进行创新投入，年平均创新投入强度只有销售收入的1%,即使只对有创新投入的私营企业进行统计，私营企业的研发投入也只占销售收入的2.39%；②中国私营企业家自认为其在中国社会中的经济、社会和政治地位处于中等水平；③私营企业家的主观地位与私营企业的创新投入决策、创新投入金额及创新投入强度都有显著的正向关系，即主观地位越高的私营企业家，其在创新投入上力度越大。

【关键词】 私营企业 企业家 主观社会地位 创新投入

一、问题的提出

自改革开放以来，私营企业从初期的势单力薄到后来的蓬勃发展，已然成为中国经济发展不可或缺的重要力量。根据国家统计局的数据，中国私营企业数量从1992年的14万户增长到2017年的2 700多万户。鉴于私营企业在中国经济发展中的重要作用，大量的文献研究了私营企业的经济决策行为。例如，投资行为（徐业坤等 2013）、投资效率（王争和史晋川 2008）、融资决策（王宣喻和储小平 2002）、捐赠行为（高勇强等 2012）、

* 张俊生，教授，E-mail：zhangjsh8@mail.sysu.edu.cn；霍铮，博士研究生，E-mail：huozh3@mail2.sysu.edu.cn；朱沆，教授，E-mail：mnszh@mail.sysu.edu.cn。本文受到教育部人文社会科学研究基金“内部人亲属持股与交易行为的公司财务效应”（15YJ630171）的资助。

人力资源吸引（张建琦和黄文锋 2003）等。不过，现有学术研究对中国私营企业行为的理解仍大多集中在公司层面或私营企业家的个体外在显性特征，而忽视了私营企业家内在心理感受的作用。然而，个体的内在心理感受是影响行为的重要因素。

近年来，社会阶层（social class）逐渐受到心理学家的关注。社会阶层是指人们在社会生活中形成的地位，它取决于个体拥有的物质财富、社会资源（收入、受教育状况和职业），以及与他人比较时，感知到自己在社会中所处的位置（Kraus et al. 2009，Kraus et al. 2012），即主观社会地位。社会阶层会对人的心理和行为产生重要影响，如对美的偏好（Snibbe and Markus 2005）、主观幸福感（Diener et al. 2010，Howell R T and Howell C J 2008）、健康（Adler et al. 1994，Gallo and Matthews 2003，徐淑一和王宁宁 2015）、利他行为及自尊（陈艳红等 2014）等。那么，一个需要探究的问题是，私营企业家的主观社会地位对企业的经营行为会产生什么影响呢？

为此，本文从企业创新投入的视角，借助全国私营企业调查数据，研究1993~2014年的二十余年时间内，中国私营企业家的主观社会地位与企业创新投入之间的关系。由中华全国工商业联合会主导，基本以每两年一次的频率进行的民（私）营企业调查结果形成的《中国私营企业调查》是研究私营企业行为的一个重要数据库。这个数据库每次披露的问卷调查中都会涉及私营企业家主观感受到的经济地位、社会地位和政治地位三项指标。这个数据库的研究结果显示：中国私营企业家的主观经济地位、社会地位与企业创新投入决策、创新投入金融及创新投入强度存在十分显著的正向关系。这意味着，提升私营企业家的地位可能有助于提升私营企业的创新投入，更有利于私营企业乃至中国经济的长远和健康发展。

本文的研究意义与贡献体现在如下三方面。

第一，本文对企业创新投入研究具有增量贡献。先前关于中国企业创新投入的研究主要包括：①企业创新投入的经济效应问题，如罗婷等（2009）发现，企业的研发投入与公司未来一年的股价变动呈显著正相关关系，而与同期股价变动不相关，即存在跨期估值效应；周铭山等（2017）证实，创业板公司创新投入越多，公司股价崩盘的风险越低。②企业创新投入的影响因素问题，大量文献集中于这个问题。目前发现，管理者薪酬（李经路和苏杭 2016）、高管任期（刘运国和刘雯 2007，田祥宇等 2018）、银行授信（马光荣等 2014）、银行业竞争（唐清泉和巫岑 2015）、风险投资资本监督（付雷鸣等 2012）、集团化经营（黄俊和陈信元 2011）、地区金融发展（解维敏和方红星 2011）、控股股东股权质押（李常青等 2018）等因素都会显著促进或者抑制企业的创新投入。可以看到，目前对企业创新投入的影响因素研究仍然主要集中在公司治理、金融发展或融资约束视角等方面。对制定企业创新投入的决策者的分析还很稀少，而高阶理论（upper echelons theory）认为企业决策者的个人作用对经营决策有重要影响。为此，与之前的研究文献不同，本文从一个新的视角，分析并证实了私营企业家主观社会地位与私营企业的投资行为之间具有显著的正向关系。

第二，研究对象上的差异。受制于数据的可获得性，先前关于创新投入的研究主要关注上市公司样本。然而，中国存在大量的非上市的私营企业，它们在资金可获得性、人才吸引力等方面与上市公司存在巨大差异。对非上市的私营企业的创新投入分析有助于更全面、更准确地理解中国企业的创新行为。

第三，在实践意义方面，近年来，党和国家倡导毫不动摇鼓励、支持、引导非公有制经济发展，致力于为非公有制经济发展营造良好环境和提供更多机会的方针政策。本文的结果对中国制定经济、法律等方面政策，以及引导私营企业在经济建设中发挥更大的作用具有一定的启示作用。

本文的结构安排如下：第二部分从文本法律的视角对中国私营企业家的客观地位进行描述；第三部分介绍数据来源、研究问题与研究设计；第四部分是实证结果与分析；第五部分是结论与建议，并提出研究局限。

二、中国私营企业家客观地位的变迁：文本法律的视角

（一）从恢复私营经济到法律中私营经济“补充地位”的确立

中国的改革开放源于1978年，当年召开的中共十一届三中全会历史性地将党的工作重心转移到以经济建设为中心上来。但当时的私营企业数量为零，非公有制经济主要体现为10万余户的个人经济。1987年召开的中国共产党第十三次全国代表大会，是改革开放后在中国共产党的全国代表大会上首次承认并允许私营经济发展的大会。这次大会第一次论述了我国彼时的私营经济和党对其应采取的政策。中国共产党第十三次全国代表大会在论述社会主义初级阶段的所有制结构时指出，“社会主义初级阶段的所有制结构应以公有制为主体。目前全民所有制以外的其他经济成份，不是发展得太多了，而是还很不够。对于城乡合作经济、个体经济和私营经济，都要继续鼓励它们发展”，“在不同的经济领域，不同的地区，各种所有制经济所占的比重应当允许有所不同”，“私营经济是存在雇佣劳动关系的经济成份。但在社会主义条件下，它必然同占优势的公有制经济相联系，并受公有制经济的巨大影响。实践证明，私营经济一定程度的发展，有利于促进生产，活跃市场，扩大就业，更好地满足人民多方面的生活需求，是公有制经济必要的和有益的补充”①。

1988年，第七届全国人民代表大会第一次会议通过了《中华人民共和国宪法修正案》（以下简称《宪法修正案》），《中华人民共和国宪法》（以下简称《宪法》）第十一条增加了如下内容：“国家允许私营经济在法律规定的范围内存在和发展。私营经济是社会主义公有制经济的补充。国家保护私营经济的合法的权利和利益，对私营经济实行引导、监督和管理。”这使得私营经济从法律层面上在新的历史条件下得到确定，私营经济在社会主义所有制结构中的合法地位得到重新确认。

---

① 赵紫阳. 沿着有中国特色的社会主义道路前进——在中国共产党第十三次全国代表大会上的报告（一九八七年十月二十五日）. http://www.china.com.cn/cpc/2011-04/12/content_22343606.htm，2011-04-12.

1990~1991年，党中央、国务院重申了社会主义初级阶段所有制结构不变的方针。特别是1991年的7月6日，中共中央下发了《关于批转中央统战部〈关于工商联若干问题的请示〉的通知》，文件指出，对现在的私营企业主不应和过去的工商业者简单类比和等同，更不要像50年代那样对他们进行社会主义改造，而是对他们采取团结、帮助、教育、引导的方针，要求他们“爱国、敬业、守法”[①]。该报告起到稳定人心的作用。从此，个体工商户、私营企业数量停止了下降趋势，并逐步上升。

中国个体、私营等非公有制经济迅速、持续、稳步的发展，是在1992年邓小平南方谈话之后。邓小平南方谈话扭转了1989~1991年非公有制经济徘徊不前的局面。1992年，中国共产党第十四次全国代表大会提出我国要建立社会主义市场经济体制，“国有企业、集体企业和其他企业都进入市场，通过平等竞争发挥国有企业的主导作用”，“国外的资金、资源、技术、人才以及作为有益补充的私营经济，都应当而且能够为社会主义所利用”，“在所有制结构上，以公有制包括全民所有制和集体所有制经济为主体，个体经济、私营经济、外资经济为补充，多种经济成分长期共同发展，不同经济成分还可以自愿实行多种形式的联合经营”[②]。中国共产党第十四次全国代表大会确立了个体经济、私营经济的重要地位，廓清了对非公有制经济的思想混乱，为非公有制经济的发展扫清了障碍。

1993年11月，中共十四届三中全会通过了《中共中央关于建立社会主义市场经济体制若干问题的决定》。该决定指出，“建立社会主义市场经济体制，就是要使市场在国家宏观调控下对资源配置起基础性作用。为实现这个目标，必须坚持以公有制为主体、多种经济成份共同发展的方针”，并明确提出，“国家要为各种所有制经济平等参与市场竞争创造条件，对各类企业一视同仁”[③]。该决定第一次提出国家对国有经济、个体经济、私营经济、外商投资经济等各种所有制经济“一视同仁”，各类所有制经济可平等地参与竞争，这是一个巨大的飞跃。在此之后，相关的法律法规也陆续出台。

1996年，第八届全国人民代表大会第四次会议通过的《中华人民共和国国民经济和社会发展“九五”计划和2010年远景目标纲要》[④]明确把继续鼓励和引导发展个体和私营经济，作为此后15年发展国民经济必须坚持的方针。至此，非公有制经济和我国国民经济密不可分。

（二）《宪法》中关于私营经济“重要组成部分”地位的确立

1997年，中国共产党第十五次全国代表大会召开。中国共产党第十五次全国代表大会关于非公有制经济地位的论述，使得个体私营经济从社会主义经济的“补充”地位上

---

① 再回首，非公有制经济领域工作铿锵足迹. http://www.zytzb.gov.cn/yj/300359.jhtml，2018-12-13.

② 加快改革开放和现代化建设步伐，夺取有中国特色社会主义事业的更大胜利——江泽民在中国共产党第十四次全国代表大会上的报告（1992 年 10 月 12 日）. http://www.gov.cn/test/2007-08/29/content_730511.htm，2007-08-29.

③ 中共中央关于建立社会主义市场经济体制若干问题的决定. http://www.china.com.cn/zhuanti2005/txt/2002-04/12/content_5131747.htm，2002-04-12.

④ 中华人民共和国国民经济和社会发展“九五”计划和 2010 年远景目标纲要. http://www.npc.gov.cn/wxzl/gongbao/2001-01/02/content_5003506.htm，2001-01-02.

升到“重要组成部分”。中国共产党第十五次全国代表大会指出，“公有制为主体、多种所有制经济共同发展，是我国社会主义初级阶段的一项基本经济制度”，“非公有制经济是我国社会主义市场经济的重要组成部分”，“对个体、私营等非公有制经济要继续鼓励、引导，使之健康发展”[①]。至此，个体私营经济从社会主义经济的“补充”地位上升到“重要组成部分”。

1999年的《宪法修正案》成为中国非公有制经济快速发展的显著标志。1999年3月，第九届全国人民代表大会第二次会议通过《宪法修正案》，三条重大修改直接同非公有制经济相关。在这次《宪法修正案》中，对《宪法》第十一条做了重要修改，规定“在法律规定范围内的个体经济、私营经济等非公有制经济，是社会主义市场经济的重要组成部分”，“国家保护个体经济、私营经济的合法的权利和利益”，删去了1988年《宪法》非公有制经济是社会主义公有制经济“补充”的提法。

2001年7月1日，江泽民总书记在庆祝中国共产党成立80周年大会上发表重要讲话，“改革开放以来，我国的社会阶层构成发生了新的变化，出现了民营科技企业的创业人员和技术人员、受聘于外资企业的管理技术人员、个体户、私营企业主、中介组织的从业人员、自由职业人员等社会阶层”，“他们与工人、农民、知识分子、干部和解放军指战员团结在一起，他们也是有中国特色社会主义事业的建设者”[②]。这是在中国共产党的历史上第一次对社会主义初级阶段私营企业主社会地位做出论断。2002年11月，中国共产党第十六次全国代表大会指出，“必须毫不动摇地巩固和发展公有制经济”，“必须毫不动摇地鼓励、支持和引导非公有制经济发展”，“坚持公有制为主体，促进非公有制经济发展，统一于社会主义现代化建设的进程中，不能把这两者对立起来”[③]。“两个毫不动摇”和“一个统一”，标志着中国非公有制经济进入一个新的发展时期。

（三）《宪法》中关于私有产权的法律保护的确立

2004年，第十届全国人民代表大会第二次会议通过了《宪法修正案》，这是我国《宪法》自1982年颁布以来的第四次修正。其中，《宪法修正案》第二十二条规定：“公民的合法的私有财产不受侵犯。”这一规定标志着我国公民的私有财产权开始从一般的民事权利上升到宪法权利，受到国家根本大法的认可与保护。

2007年，第十届全国人民代表大会第五次会议高票通过《中华人民共和国物权法》（以下简称《物权法》）。这部法律历经了13年的酝酿和广泛讨论，创造了中国立法史上单部法律草案审议次数最多的纪录。《物权法》规定：“国家、集体、私人的物权和其他权利人的物权受法律保护，任何单位和个人不得侵犯。”

① 高举邓小平理论伟大旗帜，把建设有中国特色社会主义事业全面推向二十一世纪——江泽民在中国共产党第十五次全国代表大会上的报告（1997年9月12日）. http://www.gov.cn/test/2007-08/29/content_730614.htm，2007-08-29.

② 江泽民在庆祝中共成立80周年大会上的讲话（全文）. http://www.chinanews.com/2001-07-02/26/101847.html

③ 在中国共产党第十六次全国代表大会上的报告. http://www.china.com.cn/guoqing/2012-08/30/content_26379075.htm，2012-08-30.

三、数据来源、研究问题与研究设计

（一）数据来源

从本文第二部分所述可以看出，中国个体、私营等非公有制经济迅速、持续、稳步地发展是在1992年邓小平南方谈话之后。从1993年开始，由中华全国工商业联合会主导，我国基本以每两年一次的频率进行民（私）营企业调查。尽管问卷的名称不是每次都相同，但核心的内容基本保持一致，而且实质上是一个连续的调查过程，这可以2010年4月进行的"第九次私营企业调查"的名称中窥见一斑，这是对前八次调查继承关系的认可。尤其是从2004年以后，调查的组织者一直是由中共中央统战部、中华全国工商业联合会、国家工商总局（现为国家市场监督管理总局）、中国民（私）营经济研究会组成的"私营企业研究课题组"。在截至2014年共计11次的调查中，共包含39 943个观测企业样本（表1）。

表1 历次私营企业调查情况

时间	调查名称	组织者	样本数/个
1993 年 5 月	民营企业调查	中华全国工商业联合会、中国社会科学院社会学研究所	1 440
1995 年 5 月	非公有制经济代表人士调查	中共中央统战部、中华全国工商业联合会	2 869
1997 年 11 月	私营企业调查	中华全国工商业联合会、中国社会科学院社会学研究所、中国民（私）营经济研究会、中国私营经济年鉴编辑部	1 946
2000 年 4 月	企业状况调查	中共中央统战部、中华全国工商业联合会、中国民（私）营经济研究会	3 073
2002 年 3 月	私营企业调查	中共中央统战部、中华全国工商业联合会、中国民（私）营经济研究会	3 256
2004 年 3 月	私营企业调查	中共中央统战部、中华全国工商业联合会、国家工商总局、中国民（私）营经济研究会	3 593
2006 年 3 月	私营企业调查	中共中央统战部、中华全国工商业联合会、国家工商总局、中国民（私）营经济研究会	3 837
2008 年 4 月	私营企业调查	中共中央统战部、中华全国工商业联合会、国家工商总局、中国民（私）营经济研究会	4 098
2010 年 4 月	第九次私营企业调查	中共中央统战部、中华全国工商业联合会、国家工商总局、中国民（私）营经济研究会	4 614
2012 年 4 月	第十次私营企业调查	中共中央统战部、中华全国工商业联合会、国家工商总局、中国民（私）营经济研究会	5 073
2014 年 3 月	第十一次私营企业调查	中共中央统战部、中华全国工商业联合会、国家工商总局、中国民（私）营经济研究会	6 144

《中国私营企业调查》是研究民营企业行为的一个重要数据库。例如，Wu等（2016）使用这个数据库研究了非正式负债对企业创新的影响；辛宇等（2016）使用这个数据库研究了地区宗教传统与民营企业创始资金来源的关系；陈爽英等（2010）使用这个数据库研究了民营企业家社会关系资本对研发投资决策的影响；魏下海等（2013）使用这个

数据库分析了劳动收入份额问题；高勇强等（2012）使用这个数据库研究了民营企业慈善捐赠动机问题。

在1993~2014年贯穿二十余年的调查中，每次都会调查的一项内容是："您认为自己在下列三种社会阶梯上处在什么位置？（在三个阶梯数字的相应位置上划圈，1表示最高，10表示最低）。"这种社会阶梯量表是学术文献中研究主观社会地位时的一种常用工具，即MacArthur量表，它是一个10级阶梯量表，如图1所示。本文的研究数据来自历次私营企业调查中关于该部分的内容。

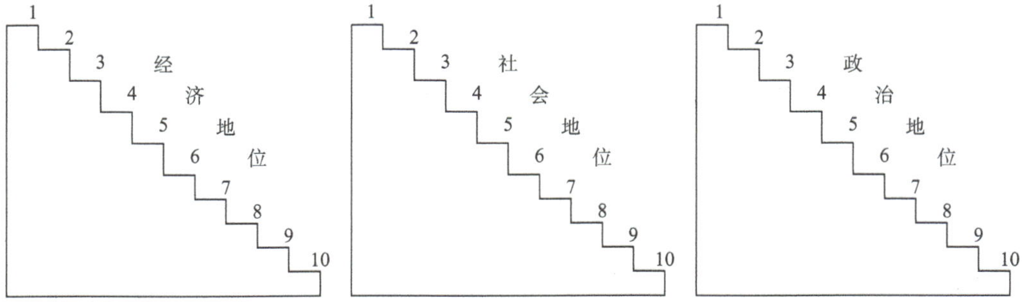

图1　私营企业调查中私营企业家主观社会地位的MacArthur量表

（二）研究问题与研究设计

有大量的证据表明，企业研发投入对股东价值是有帮助的。当公司宣告研发支出时，股价会给予积极的反应（Sundaram et al. 1996）。更为重要的是，创新投入是一种获得战略优势的主要手段。然而，创新投资是一种未来产生收益的投资方式，具有较大的不确定性风险。由于管理短视、代理成本等效应的存在，相当一部分企业不愿意进行创新投入。例如，Francis和Smith（1995）论证了代理成本与企业创新活动之间的关系。他们研究发现，股权越分散的公司，其创新投入、专利获取数量等越低。这是股权分散导致的股东与管理者之间代理问题引起的。

从理论上看，企业家自身的主观社会地位也可能会影响企业的创新活动。首先，企业家的主观社会地位会影响自身的风险偏好，而企业家的风险偏好对企业的创新活动具有重要影响。已有研究表明，企业家的主观社会地位越高，越会偏好风险（Kish-Gephart and Campbell 2015）。一方面，主观社会地位较高的企业家掌握较多的资源，对于风险的承受能力相对较强；另一方面，主观社会地位较高的企业家自我效能感较高，认为自身的能力较强，因此更加自信、乐观，认为世界充满机会，更愿意进行探索（陈艳红等 2014）。而Ana等（2011）发现，企业家的风险偏好会促进企业的创新活动。具有风险偏好特征的企业家对于不确定风险的忍受程度较高，因而愿意进行创新活动，愿意将更多的资源投入企业创新活动中。因此，主观社会地位的提高会增加企业家的风险偏好，从而使企业家在经营企业中进行更多的创新活动。

其次，主观社会地位可能会通过影响企业家的健康状况来影响企业的创新活动。研究表明，主观社会地位对于人的身体健康程度有正向的影响（Adler et al. 2000）。同时，个人健康水平越高，工作能力越强（Yang et al. 2019）。Lin等（2011）的研究表明，对于中国的私营企业来说，企业家自身能力越强，企业的创新程度越高。因此，企业家的主观社会地位越高，企业家自身的健康水平越高，工作越有激情，其经营的企业的创新水平可能越高。基于以上分析，本文认为企业家的主观社会地位与企业的创新活动存在正向关系。

因此，第一个值得研究的问题是，私营企业家的主观地位对企业进行创新投入有何影响？为此，我们构建如下Logit模型。

$$R\&D\_D=\alpha_0+\alpha_1 \text{Ln}(\text{Sta}\_E)+\alpha_2 \text{Ln}(\text{Sta}\_S)+\alpha_3 \text{Ln}(\text{Sta}\_P)+\alpha_4 \text{Size}+\alpha_5 \text{Loss}+\alpha_6 \text{Age}+\alpha_7 \text{Gend}+\alpha_8 \text{Edu}+\alpha_9 \text{Mkt}+\text{YEAR}+\text{INDU}+\varepsilon \quad (1)$$

其中，R&D_*D*为虚拟变量，当私营企业的创新投入金额大于零时，R&D_*D*=1，否则R&D_*D*=0；Sta_*E*、Sta_*S*、Sta_*P*分别表示私营企业家的主观经济地位、主观社会地位和主观政治地位，这三项数据由历次“私营企业调查”提供。在调查问卷中，私营企业家报告的主观地位是1~10的10个数据。基于正态分布的考虑，在回归中我们将Sta_*E*、Sta_*S*、Sta_*P*三个变量分别取自然对数；Size表示私营企业的规模，用企业销售收入的自然对数表示；Loss为虚拟变量，反映企业是否经营亏损；Age表示私营企业家的年龄；Gend和Edu反映私营企业家的个体特征，分别为性别和受教育程度的虚拟变量；Mkt用来反映私营企业所在省（区、市）的市场化程度指数，用作制度控制变量（陈冬华和齐祥芹 2010）；YEAR和INDU分别为年份和行业虚拟变量。变量详细定义见表2。在对模型（1）估计时，选用Logit模型。

表2　变量定义

变量		变量定义
因变量	R&D_*D*	表示创新投入决策，当企业的创新投入金额大于零时，R&D_*D*=1，否则 R&D_*D*=0
	R&D_*A*	表示创新投入金额，用企业的研发投入（单位：万元）计算
	R&D_*R*	表示创新投入强度，用企业的研发投入与销售收入之间的比率计算
自变量	Sta_*E*	表示私营企业家的主观经济地位
	Sta_*S*	表示私营企业家的主观社会地位
	Sta_*P*	表示私营企业家的主观政治地位
控制变量	Size	表示私营企业的规模，用企业销售收入的自然对数计算
	Loss	为虚拟变量，反映企业是否经营亏损，当企业亏损时 Loss=1，否则 Loss=0
	Age	表示私营企业家的年龄
	Gend	反映私营企业家性别的虚拟变量，当私营企业家为男性时 Gend=1，否则 Gend=0
	Edu	反映私营企业家受教育程度的虚拟变量，当私营企业家接受过大学以上教育时 Edu=1，否则 Edu=0
	Mkt	反映私营企业所在省（区、市）的市场化程度指数

R&D_*D*作为一个虚拟变量，只能观察私营企业是否进行了创新投入，而不能观察创新投入金额的多少。接下来，我们从创新投入金额的视角研究第二个问题：私营企业家的主观地位对企业的创新投入金额有何影响？为此，我们构建如下Tobit模型。

$$\text{Ln}(R\&D\_A+1)=\beta_0+\beta_1 \text{Ln}(\text{Sta}\_E)+\beta_2 \text{Ln}(\text{Sta}\_S)+\beta_3 \text{Ln}(\text{Sta}\_P)+\beta_4 \text{Size}+\beta_5 \text{Loss}+\beta_6 \text{Age}+\beta_7 \text{Gend}+\beta_8 \text{Edu}+\beta_9 \text{Mkt}+\text{YEAR}+\text{INDU}+\zeta \quad (2)$$

其中，R&D_*A*表示创新投入金额，用企业的研发投入（单位：万元）计算。一些企业的研发投入等于0，因此在回归模型（2）中使用R&D_A+1后取自然对数。其他变量同前文所述。

关于企业创新投入的文献非常关注的另外一项指标是研发强度，它是对企业的研发支出做规模调整，通常的做法是选用研发投入/企业市值、研发投入/总资产或研发投入/销售收入等指标来度量。历次的私营企业调查基本提供了私营企业的销售收入数据，因此，我们选用研发投入/销售收入（R&D_R）来度量创新投入强度。进而研究第三个问题：私营企业家的主观地位对企业创新投入强度有何影响？为此，我们构建如下Tobit模型。

$$\text{R\&D\_}R=\theta_0+\theta_1\text{Ln}(\text{Sta\_}E)+\theta_2\text{Ln}(\text{Sta\_}S)+\theta_3\text{Ln}(\text{Sta\_}P)+\theta_4\text{Size}+\theta_5\text{Loss}+\theta_6\text{Age}+\theta_7\text{Gend}+\theta_8\text{Edu}+\theta_9\text{Mkt}+\text{YEAR}+\text{INDU}+\mu \quad (3)$$

此外，在数据上我们还做了如下处理：第一，因为本文数据来自问卷调查，可能存在企业自我报告虚增研发投入数值的可能。为此，我们参照朱沆等（2016）的做法，将创新投入强度最高的5%数据删除。第二，私营企业调查问卷覆盖我国31个省（区、市），但是样本数在各省（区、市）之间存在较大的差异，因此，在对模型（1）、模型（2）和模型（3）进行回归的时候，在省级层面进行集聚效应调整。

四、实证结果与分析

（一）描述性统计与相关分析

我们在此部分列示出回归模型中将会使用到的因变量、自变量和控制变量的描述性统计（表3）。每次调查的内容事项存在差异，同时，在问卷调查时一些被调查对象在某项事项上没有填列，因此，每个变量的观测值存在差异。

表3 变量描述性统计

变量		观测值	均值	标准差	中位数	最小值	最大值
因变量	R&D_*D*	23 705	0.33	0.47	0	0	1
	R&D_*A*	23 705	62.76	634.45	0	0	62 077.00
	R&D_*R*	23 705	0.01	0.02	0	0	0.11
自变量	Sta_*E*	23 111	5.20	1.82	5.00	1.00	10.00
	Sta_*S*	23 083	5.17	1.92	5.00	1.00	10.00
	Sta_*P*	22 930	5.80	2.24	6.00	1.00	10.00
控制变量	Size	23 697	15.90	2.28	15.97	6.80	31.19
	Loss	22 341	0.08	0.28	0	0	1.00
	Age	23 508	45.46	8.53	45.00	15.00	93.00
	Gend	23 635	0.86	0.35	1.00	0	1.00
	Edu	23 458	0.27	0.44	0	0	1.00
	Mkt	23 705	7.11	1.87	7.00	0	10.80

从涉及创新投入的3个变量的描述性统计（表3）来看，有需要特别值得注意的几点。第一，R&D_*D*的均值等于0.33，这意味着调查样本中只有1/3的中国私营企业进行了研发投入。这样的比例偏低，显示了私营企业进行研发的动力不足。第二，样本中R&D_*A*均值为62.76万元，但是私营企业之间的研发投入存在较大差异，具体体现在研发投入具有较大的标准差（达到634.45万元）。考虑到有2/3私营企业没有任何研发投入，我们进一步只统计了有研发投入的企业的创新投入金额，结果显示均值可达到188万元。第三，R&D_*R*的均值只有0.01，意味着平均而言，私营企业研发投入只占销售收入的百分之一。即使只对有研发投入的私营企业进行统计，私营企业研发投入也只占销售收入的2.39%。整体而言，R&D_*D*、R&D_*A*、R&D_*R* 3个变量的描述性统计结果显示中国私营企业的创新投入金额较低。

在反映私营企业家主观地位的指标方面，3个变量（Sta_*E*、Sta_*S*、Sta_*P*）的均值都在5~6，中位数也是5或6。这意味着中国私营企业家自认为在中国社会中的经济、社会和政治地位处于中等水平。

在控制变量方面，样本企业只有8%经营亏损，私营企业家的平均年龄是45.46岁，86%的私营企业家是男性，以及27%的私营企业家接受过大学以上的教育。

表4是对表3中所列示的变量做的Pearson相关分析，可以看到如下结果：首先，R&D_*D*、R&D_*A*、R&D_*R* 3个度量私营企业创新投入变量之间的相关系数分别为0.86、0.61和0.63，具有较好的一致性；其次，反映私营企业家主观地位的3个变量（Sta_*E*、Sta_*S*、Sta_*P*）之间的相关性分别达到0.75、0.61和0.77，即私营企业家对3个地位维度的感知具有较强的类似性；最后，更为重要的是，创新投入3个变量和私营企业家主观地位3个变量之间都呈现统计上十分显著的负向关系。由于反映私营企业家主观地位的3个变量（Sta_*E*、Sta_*S*、Sta_*P*）数值越低表示主观地位越高，因此，负相关关系意味着私营企业家主观地位越高，其企业的创新投入越高。

表4　相关性矩阵

变量	R&D_*D*	R&D_*A*	R&D_*R*	Sta_*E*	Sta_*S*	Sta_*P*	Size	Loss	Age	Gend	Edu	Mkt
R&D_*D*	1											
R&D_*A*	0.86*	1										
R&D_*R*	0.61*	0.63*	1									
Sta_*E*	−0.18*	−0.23*	−0.09*	1								
Sta_*S*	−0.17*	−0.20*	−0.10*	0.75*	1							
Sta_*P*	−0.16*	−0.18*	−0.08*	0.61*	0.77*	1						
Size	0.34*	0.47*	0.08*	−0.34*	−0.27*	−0.27*	1					
Loss	−0.11*	−0.11*	−0.06*	0.08*	0.07*	0.08*	−0.14*	1				
Age	0.07*	0.09*	0.02*	−0.08*	−0.09*	−0.14*	0.18*	−0.03*	1			
Gend	0.09*	0.09*	0.05*	−0.09*	−0.08*	−0.08*	0.14*	−0.04*	0.09*	1		
Edu	0.05*	0.10*	0.06*	−0.06*	−0.06*	−0.04*	0.15*	0.01***	−0.11*	−0.01	1	
Mkt	0.09*	0.12*	0.03*	−0.02**	0.03*	0.01***	0.17*	−0.07*	0.04*	0.03*	0	1

***、**、*分别表示显著性水平为 0.01、0.05、0.1

（二）回归分析

在相关分析得到初步结果的基础上，我们进一步使用模型（1）、模型（2）和模型（3）进行回归分析，分析在加入控制变量后的私营企业家的主观地位与企业创新投入的关系。

表5报告了对模型（1）的Logit回归结果，即私营企业家主观地位与企业创新投入决策之间的关系。在表5的[1]列、[2]列和[3]列的分别回归模型中，Ln（Sta_*E*）、Ln（Sta_*S*）和Ln（Sta_*P*）的估计系数都为负值，且都在0.01统计水平上显著，即私营企业家的主观经济地位、主观社会地位和主观政治地位越高，私营企业越倾向进行创新投入。将3个主观地位变量放在模型[4]中，3个变量回归系数仍然为负值，且前两个变量在统计上仍然显著，但主观政治地位变量Ln（Sta_*P*）在统计上不再显著。这意味着，对私营企业家创新投入决策起到影响作用的主观地位因素主要来自私营企业家的主观经济地位和主观社会地位。

表5　私营企业家主观地位与企业创新投入决策之间的关系

变量	Logit 回归 因变量：R&D_*D*			
	[1]	[2]	[3]	[4]
Ln（Sta_*E*）	−0.326***			−0.152**
	（0.054）			（0.075）
Ln（Sta_*S*）		−0.326***		−0.257***
		（0.050）		（0.070）
Ln（Sta_*P*）			−0.226***	0.029
			（0.051）	（0.061）
Size	0.364***	0.366***	0.372***	0.363***
	（0.013）	（0.013）	（0.013）	（0.013）
Loss	−0.618***	−0.623***	−0.618***	−0.617***
	（0.090）	（0.089）	（0.089）	（0.089）
Age	0.001	0	−0	0
	（0.002）	（0.002）	（0.002）	（0.002）
Gend	0.074	0.083	0.077	0.075
	（0.100）	（0.098）	（0.099）	（0.099）
Edu	0.272***	0.269***	0.268***	0.272***
	（0.053）	（0.054）	（0.054）	（0.054）
Mkt	−0.009	−0.008	−0.010	−0.009
	（0.025）	（0.025）	（0.025）	（0.025）
YEAR	是	是	是	是
INDU	是	是	是	是
常数项	−5.210***	−5.307***	−5.440***	−5.159***
	（0.339）	（0.300）	（0.320）	（0.340）
观察值	20 162	20 147	20 037	20 014
伪 R^2	0.256	0.256	0.255	0.257

***、**分别表示显著性水平为0.01、0.05

注：括号中是标准差；在省级层面进行集聚效应调整

在控制变量方面，可以看到能对私营企业的创新性投入决策产生显著影响的变量包括：私营企业的规模（Size）、企业是否经营亏损（Loss）和私营企业家受教育程度（Edu），即私营企业的规模越大、盈利能力越强、私营企业家受教育程度越高的私营企业越倾向进行创新投入。这些都符合经验常识。不过，私营企业家的年龄、性别等个体特征在私营企业调查样本中并未显现显著的作用。此外，作为各省（区、市）制度表征量的市场化程度指数也未对私营企业的创新投入决策产生显著影响。

关于私营企业的创新投入金额（表6）和私营企业的创新投入强度（表7）的研究结果与私营企业的创新投入决策（表5）的研究结果一致，即私营企业家感受到的主观经济地位和主观社会地位对私营企业的创新投入金额和创新投入强度都起到显著影响。私营企业的规模、企业是否经营亏损和私营企业家受教育程度也都能很好地解释中国私营企业的创新活动。

表6 私营企业家主观地位与私营企业的创新投入金额之间的关系

变量	Tobit 回归 因变量：Ln（R&D_*A*+1）			
	[1]	[2]	[3]	[4]
Ln（Sta_*E*）	−0.608***			−0.367***
	（0.084）			（0.119）
Ln（Sta_*S*）		−0.562***		−0.397***
		（0.070）		（0.103）
Ln（Sta_*P*）			−0.378***	0.088
			（0.075）	（0.096）
Size	0.876***	0.884***	0.897***	0.874***
	（0.027）	（0.028）	（0.029）	（0.028）
Loss	−1.066***	−1.079***	−1.068***	−1.059***
	（0.158）	（0.159）	（0.159）	（0.158）
Age	0.003	0.002	0.001	0.002
	（0.004）	（0.004）	（0.004）	（0.004）
Gend	0.103	0.119	0.110	0.102
	（0.163）	（0.160）	（0.162）	（0.161）
Edu	0.584***	0.577***	0.577***	0.580***
	（0.093）	（0.095）	（0.094）	（0.094）
Mkt	0.008	0.011	0.006	0.009
	（0.038）	（0.038）	（0.038）	（0.037）
YEAR	是	是	是	是
INDU	是	是	是	是
常数项	−12.895***	−13.185***	−13.476***	−12.848***
	（0.543）	（0.521）	（0.553）	（0.551）
观察值	20 162	20 147	20 037	20 014
伪 R^2	0.154	0.154	0.153	0.154

***表示显著性水平为 0.01

注：括号中是标准差；在省级层面进行集聚效应调整

表7　私营企业家主观地位与私营企业的创新投入强度之间的关系

变量	Tobit 回归 因变量：R&D_R			
	[1]	[2]	[3]	[4]
Ln（Sta_E）	-0.005***			-0.002**
	（0.001）			（0.001）
Ln（Sta_S）		-0.005***		-0.004***
		（0.001）		（0.001）
Ln（Sta_P）			-0.004***	0
			（0.001）	（0.001）
Size	0.004***	0.004***	0.004***	0.004***
	（0）	（0）	（0）	（0）
Loss	-0.010***	-0.010***	-0.010***	-0.010***
	（0.002）	（0.002）	（0.002）	（0.002）
Age	0	0	0	0
	（0）	（0）	（0）	（0）
Gend	0.002	0.002	0.002	0.002
	（0.002）	（0.002）	（0.002）	（0.002）
Edu	0.007***	0.007***	0.007***	0.007***
	（0.001）	（0.001）	（0.001）	（0.001）
Mkt	-0	-0	-0	-0
	（0）	（0）	（0）	（0）
YEAR	是	是	是	是
INDU	是	是	是	是
常数项	-0.054***	-0.055***	-0.058***	-0.053***
	（0.005）	（0.005）	（0.006）	（0.005）
观察值	20 162	20 147	20 037	20 014
伪 R^2	-0.439	-0.439	-0.435	-0.437

***、**分别表示显著性水平为 0.01、0.05

注：括号中是标准差；在省级层面进行集聚效应调整

五、结论与建议

企业的创新投入是影响企业未来长期发展的一种战略性投入，对企业健康成长有重要意义。熊彼特（1990）在其《经济发展理论》一书中就提出创新对经济增长的巨大作用。波特（2002）再次从国家战略层面提出创新的重要性，指出一个国家即使拥有充沛的资源条件，但如果长期停留在要素驱动阶段，无法持续提高生产力和扩张具有国际竞争力的产业，经济发展也无法持续繁荣。中国的私营企业作为经济发展中的一支重要力量，其对企业创新投入的态度是关系到国家战略的一个重要内容。改革开放以来，中国从《宪法》的修订等制度层面努力地提升私营经济的地位。与之相伴，私营企业在中国也蓬勃发展，且对中国经济贡献颇多。时至改革开放四十余年，对于私营经济及私营企业家地位的讨论也成为社会的关注点。此时，本文对私营企业家主观社会地位与企业创新投入的研究有如下发现。

第一，中国只有1/3的私营企业进行创新投入，年平均创新投入强度只有销售收入的1%，即使只对有创新投入的私营企业进行统计，私营企业的研发投入也只占销售收入的2.39%；第二，中国私营企业家自认为在中国社会中的经济、社会和政治地位处于中等水平；第三，私营企业家的主观地位与私营企业的创新投入决策、创新投入金额及创新投入强度都有显著的正向关系，即主观地位越高的私营企业家，其在创新投入上力度越大。

基于上述发现，我们认为，鉴于私营企业家的主观社会地位有助于私营经济在经营上采取有远见的经营方式，为了更好地发挥私营企业在中国未来建设中的作用，国家除了在制度层面提高对私营经济的认可程度外，更应在政策层面进一步提升私营企业家的主观社会地位。这将会有助于进一步从微观层面提高私营企业的经济活力与创新能力。

本文的研究有一定的局限性，最突出的问题可能在于问卷调查固有的特点，基本上是横截面数据，同一家企业很难出现在历次调查中。这样的数据结构较难解决内生性问题，我们呈现的结果也只是一个相关性结果。未来的研究如果有更为适合的数据，可在本文基础上展开更具因果性的研究。

参 考 文 献

波特 M E. 2002. 国家竞争优势. 李明轩，邱如美译. 北京：华夏出版社.

陈冬华，齐祥芹. 2010. 地区制度环境与部分民营化绩效——来自我国上市公司的经验证据. 当代会计评论，（1）：36-66.

陈爽英，井润田，龙小宁，等. 2010. 民营企业家社会关系资本对研发投资决策影响的实证研究. 管理世界，（1）：88-97.

陈艳红，程刚，关雨生，等. 2014. 大学生客观社会经济地位与自尊：主观社会地位的中介作用. 心理发展与教育，（6）：594-600.

付雷鸣，万迪昉，张雅慧. 2012. VC是更积极的投资者吗？——来自创业板上市公司创新投入的证据. 金融研究，（10）：125-138.

高勇强，陈亚静，张云均. 2012. “红领巾”还是“绿领巾”：民营企业慈善捐赠动机研究. 管理世界，（8）：106-114.

黄俊，陈信元. 2011. 集团化经营与企业研发投资. 经济研究，（6）：80-91.

李常青，李宇坤，李茂良. 2018. 控股股东股权质押与企业创新投入. 金融研究，（7）：143-156.

李经路，苏杭. 2016. 管理层薪酬对研发投入的影响——来自公司治理视角的解读. 当代会计评论，（2）：73-98.

刘运国，刘雯. 2007. 我国上市公司的高管任期与R&D支出. 管理世界，（1）：128-136.

罗婷，朱青，李丹. 2009. 解析 R&D 投入和公司价值之间的关系. 金融研究，（6）：100-110.
马光荣，刘明，杨恩艳. 2014. 银行授信、信贷紧缩与企业研发. 金融研究，（7）：76-92.
唐清泉，巫岑. 2015. 银行业结构与企业创新活动的融资约束. 金融研究，（7）：116-134.
田祥宇，杜洋洋，李佩瑶. 2018. 高管任期交错会影响企业创新投入吗？会计研究，（12）：56-61.
王宣喻，储小平. 2002. 信息披露机制对私营企业融资决策的影响. 经济研究，（10）：31-39.
王争，史晋川. 2008. 中国私营企业的生产率表现和投资效率. 经济研究，（1）：114-126.
魏下海，董志强，刘愿. 2013. 政治关系、制度环境与劳动收入份额. 管理世界，（5）：35-46.
解维敏，方红星. 2011. 金融发展、融资约束与企业研发投入. 金融研究，（5）：171-183.
熊彼特 J A. 1990. 经济发展理论. 何畏，易家详译. 北京：商务印书馆.
辛宇，李新春，徐莉萍. 2016. 地区宗教传统与民营企业创始资金来源. 经济研究，（4）：161-173.
徐淑一，王宁宁. 2015. 经济地位、主观社会地位与居民自感健康. 统计研究，（3）：62-68.
徐业坤，钱先航，李维安. 2013. 政治不确定性、政治关联与民营企业投资. 管理世界，（5）：116-130.
张建琦，黄文锋. 2003. 职业经理人进入民营企业影响因素的实证研究. 经济研究，（10）：25-31.
周铭山，张倩倩，杨丹. 2017. 创业板上市公司创新投入与市场表现：基于公司内外部的视角. 经济研究，（11）：135-149.
朱沆，Kushins E，周影辉. 2016. 社会情感财务抑制了中国家族企业的创新投入吗？管理世界，（3）：99-114.
Adler N E，Boyce T，Chesney M A，et al. 1994. Socioeconomic status and health. American Psychologist，49（1）：15-24.
Adler N E，Epel E S，Castellazzo G，et al. 2000. Relationship of subjective and objective social status with psychological and physiological functioning：preliminary data in healthy，white women. Health Psychology，19（6）：586-592.
Ana P，Wiklund J，Ramón V. 2011. The dual nature of innovative activity：how entrepreneurial orientation influences innovation generation and adoption. Journal of Business Venturing，26（5）：555-571.
Diener E，Ng W，Harter J，Arora R. 2010. Wealth and happiness across the world：material prosperity predicts life evaluation，whereas psychosocial prosperity predicts positive feeling. Journal of Personality and Social Psychology，99（1）：52-61.
Elke P，Katja S，Michael R F，et al. 2018. Influence of social support among employees on mental health and work ability—a prospective cohort study in 2013-15. European Journal of Public Health，28（5）：819-823.
Francis J，Smith A. 1995. Agency costs and innovation：some empirical evidence. Journal of Financial Economics，19：383-409.
Gallo L C，Matthews K A. 2003. Understanding the association between socioeconomic status and physical health：do negative emotions play a role? Psychological Bulletin，129（1）：10-51.
Howell R T，Howell C J. 2008. The relation of economic status to subjective well-being in developing countries：a meta-analysis. Psychological Bulletin，134（4）：536-560.
Kish-Gephart J J，Campbell J T. 2015. You don't forget your roots：the influence of CEO social class background on strategic risk taking. Academy of Management Journal，58（6）：1614-1636.
Kraus M W，Piff P K，Keltner D. 2009. Social class，sense of control，and social explanation. Journal of Personality and Social Psychology，97（6）：992-1004.
Kraus M W，Piff P K，Mendoza-Denton R，et al. 2012. Social class，solipsism，and contextualism：how the rich are different from the poor. Psychological Review，119（3）：546-572.
Lin C，Lin P，Song F M，et al. 2011. Managerial incentives，CEO characteristics and corporate innovation in China's private sector. Journal of Comparative Economics，39（2）：176-190.
Snibbe A C，Markus H R. 2005. You can't always get what you want：educational attainment，agency，and choice. Journal of Personality and Social Psychology，88（4）：703-720.

Sundaram A, John T, John K. 1996. An empirical analysis of strategic competition and firm value: the case of R&D competition. Journal of Financial Economics, 40: 459-486.
Wu J, Si S, Wu X. 2016. Entrepreneurial finance and innovation: informal debt as an empirical case. Strategic Entrepreneurship Journal, 10: 257-273.
Yang T, Liu T, Lei R, et al. 2019. Effect of stress on the work ability of aging American workers: mediating effects of health. International Journal of Environmental Research and Public Health, 16 (13): 2273.

The Subject Social Status of Private Entrepreneurs and Their Firms' R&D Investments: An Empirical Analysis of More than Twenty Years' Survey Data

Junsheng Zhang[1, 2, 3], Zheng Huo[2] and Hang Zhu[2]
1. Center for Accounting, Finance and Institutions, Sun Yat-sen University, Guangzhou, Guangdong, China 510275;
2. Business School, Sun Yat-sen University, Guangzhou, Guangdong, China 510275;
3. Accounting School, Nanfang College of Sun Yat-sen University, Guangzhou, Guangdong, China 510970

Abstract: The paper analyzes the research and development (R&D) investment decisions of Chinese private entrepreneurs from the perspective of subjective social status, which is an important inherent characteristic determining individual behavior. Based on the data of the National Private Enterprise Survey for the period of 1993-2014, our results show that (1) only one-third of private enterprises in China make R&D investments. For all private enterprises, the average ratio of annual R&D investments to total revenue is only about 1%, and this figure is 2.39% for those with non-zero R&D investments; (2) Chinese private entrepreneurs consider themselves enjoying a median level of economic, social, and political status in the hierarchy of Chinese society; (3) private entrepreneurs' subjective status is significantly positively related to whether they make R&D investments and, if they do, the amount and intensity of their R&D investments. In other words, private entrepreneurs having a higher level of subjective social status tend to invest more in R&D.

***Keywords*:** private enterprise; entrepreneur; subject social status; R&D investments.

当代会计评论 Contemporary Accounting Review
第12卷第3辑 Vol.12 No.3
2019年 2019

上市公司股东大会治理作用：研究回顾与中国实践*

蔡宁[1] 吴国强[2]
（1. 厦门大学会计发展研究中心/厦门大学管理学院，福建 厦门 361005；2. 厦门大学管理学院，福建 厦门 361005）

【摘要】 股东大会是公司治理中的一项重要机制，随着股东积极主义（shareholder activism）研究的兴起，其越来越受到西方财务研究的重视。相形之下，中国上市公司的股东大会问题还是一个尚未涉足的"黑箱"。因此，本文在回顾股东大会及其治理效应理论发展的基础上，梳理中国上市公司股东大会监管体系，并对中国上市公司股东大会的相关特征进行描述刻画，包括股东大会召开情况、议案类型、股东出席情况、表决制度、表决结果等，尝试系统描摹中国上市公司股东大会的基本图谱，手工建立股东大会数据库，为后续经验研究的开展提供制度基础及数据准备。

【关键词】 股东大会 公司治理

股东大会是公司治理的重要基础（Yermack 2010）。一方面，无论理论界还是实务界，都认同股东大会是公司治理体系的逻辑起点。股东大会选举产生董事会，董事会选聘、监督高级管理人员（以下简称高管）团队，在此基础上，构建一系列内外治理制度。另一方面，股东大会又被视作一项"形式上"的治理机制，其作用和意义时常被忽视。但近年来，随着股东积极主义研究的兴起，这种重要但不受重视的局面得以改观。股东大会特征、作用机理、经济后果等研究，正越来越受到关注，并形成了完整的文献体系（Denes et al. 2017）。

相形之下，中国上市公司股东大会还是一个尚未进行深入研究的"黑箱"。我国资本市场成立于20世纪90年代，监管部门以行政方式推动拟上市公司建立公司治理体系。随着市场发展，股权结构、董事会、高管薪酬、并购、投资者保护等治理机制先后受到理论研究关注。近年来，中国上市公司股东大会屡现"庶民的胜利"，即中小投资者在会

---

* 蔡宁，教授，E-mail：caining@xmu.edu.cn；吴国强，研究生，E-mail：wuguoqiang19@163.com。本文受到国家自然科学基金重大项目"制度变革、非正式制度因素与会计审计行为研究"（71790602）、教育部人文社会科学重点研究基地重大项目"资本结构选择与公司治理机制优化"（16JJD790034）、福建省中青年教师教育科研项目"风险投资行为研究"（JAS16003）的资助。

议上成功影响了上市公司的重大决策[①]，这很大程度要归因于日益完善的股东大会法律法规[②]。另外，这也表明，在中国公司控制权市场并不发达的环境下，完善股东大会制度也许是推动中小投资者积极“用手投票”、缓解二类代理冲突更为现实的路径。事实上，我们对股东大会还知之甚少：在实务中股东大会具体是如何运行的？其治理机制包括哪些？实际执行情况如何？是否契合监管预期？在二类代理突出的环境下是否有不同于西方资本市场的制度安排？……因此，本文尝试通过梳理股东大会监管体系、实际运行情况，对上述问题做出思考，在描摹中国上市公司股东大会相关特征的基础上，更好地理解股东大会的运行机理、作用路径、治理成效等问题，构建中国上市公司股东大会数据库，为后续经验研究的开展奠定基础。

一、股东大会及其治理作用

公司制企业诞生之初就产生了股东大会[③]，几百年来，股东大会在公司治理中发挥着不可或缺的作用。在股东大会上，股东选举董事会成员、审阅报告、制定约束管理层的有关章程。股东每年至少有一次机会与管理层面对面直接交流，了解公司经营管理的情况，并提出质询（Li and Yermack 2016）。但是，在股东大会上表决的议案通常都会无争议通过（uncontested），即便在控制权竞争激烈的西方资本市场，也鲜有议案被否决的情况（Becht et al. 2016）。因此，股东大会的上述机制在实务中是否发挥了预期的治理作用则逐渐受到质疑，甚至在一定程度上成为公司治理研究中存而不论的话题。直至20世纪80年代，随着股东积极主义研究的兴起，这一局面才得以改变。

股东积极主义是指，股东以投票权作为治理公司、促其变革的重要途径（Wright and Sylla 2011）。股东积极主义研究在西方兴起有两个重要背景[④]：一是20世纪80年代的第一次反收购立法浪潮。一直以来，并购是西方资本市场重要的外部治理机制，但在反收购立法背景下，公司控制权市场的作用受阻，投资者开始转而寻求内部治理来制约公司管

---

① 2012 年“格力电器”（000651）小股东成功否决大股东提名的董事候选人；2012 年“深国商”（000056）中小股东成功否决了大股东的借款提案；2015 年“深康佳 A”（000016）中小股东顺利提名 4 位董事候选人进入董事会；2016 年“格力电器”（000651）年度股东大会上中小投资者否决管理层提出的收购议案，由此引发高管的不悦情绪；2019 年“ST 毅达”（600610）的投资者在公司高管全员缺席的情况下，自行召开股东大会，并通过了罢免全体董事会成员的决议。

② 股东大会的法律法规，一方面因循监督董事会的传统治理定位，对股东大会的职权、程序等做出规定；另一方面基于中国证券市场二类代理突出的特征，也通过各项制度保障中小投资者对股东大会的参与，如网络投票制度、分类表决制度、累积投票制度、特别决议制度、表决回避制度等。

③ 1602 年成立的荷兰东印度公司被认为是现代股份有限公司的滥觞，公司组建之时就设立了股东大会作为最高权力机构，并由股东大会选出 60 名董事组成董事会，作为公司决策机构（吴敬琏 1994）。

④ 股东积极主义最早可以追溯至 1932 年，当时美国一家公司召开年度股东大会，一位仅持有极少数股份的小股东 Lewis D. Gilbert 参会。他对股东大会流于形式及管理层无视中小股东感到极为震惊，之后他开始积极参加股东大会，并在会议上质询公司经营管理方面的问题（Talner 1983）。

理层（Black 1992，Pound 1992）[①]；二是机构投资者的发展壮大。机构投资者专业性强，持股比例高且稳定，其更倾向于用手投票、积极介入公司治理，股东大会无疑是其参与公司治理的重要平台（Gillan and Starks 1998）[②]。正是在这样一个背景下，股东大会的治理作用开始显现并受到重视。通过类似政治活动中的“直接民主”（direct democracy）方式，股东大会赋予股东在公司治理中实质性的影响力——提案权与投票权。提案权赋予股东在公司经营、管理、治理等方面的话语权，在满足一定持股比例的条件下，股东可以采用提案方式主动介入公司决策过程；投票权赋予股东依据其持有的股份对公司事务进行表决的权利，股东能通过对重大议案的表态对管理层施压。同时，为保障股东的权益，法律法规就股东大会的各方面做出了详尽规定。一系列文献围绕股东大会的治理作用、对公司价值的影响、具体制度的实施效果等问题展开讨论，在此基础上，逐步形成了完善的股东大会理论体系（Denes et al. 2017）。

西方文献关于股东大会及其投票制度的研究始于20世纪80年代（Morck et al. 1988），之后Porta等（1997）的跨国比较研究，又进一步将国际资本市场的增长、估值等问题与不同国家的股东投票权强度联系在一起。20世纪90年代，数据供应商开始向大型研究数据库提供有关股东投票、所有权、公司控制权等公司层面的信息，引发了将所有权和治理指数纳入债务评级体系等的商业创新。同时，广泛的数据可得性也促进了股东大会领域的学术研究迅速发展（Yermack 2010）。这一领域的文献主要分为三大类：第一，尽管一开始就有大量文献认同了股东大会及其投票制度的治理作用，但也有理论质疑股东大会制度的可能成本及对高管的负面作用（Karpoff and Rice 1989，Aghion and Tirole 1997，Burkhart et al. 1997，Matsusaka and Mccarty 2001）。因此，经验检验股东大会及其治理效应，一直都是该领域研究的重点。第二，基于西方资本市场一类代理问题突出的特征，针对股东大会治理效应的研究，主要集中关注薪酬计划、董事选举、并购限制措施等旨在监督、制约董事会及高管层的提案。第三，由于公司治理体系发展成熟，在提案、投票方面有大量基于投资者保护目的的具体制度，如代理权竞争（proxy contest）制度、经纪人投票（broker vote）制度、代理参与（proxy access）制度、代理顾问（proxy advisor）制度、“不投票”运动（just-vote-no campaign）制度等，许多文献都是经验检验这些制度的治理效应。

（一）股东大会的治理作用：公司价值角度

最初关于股东大会的研究中，有相当一部分文献直接检验股东提案、表决情况等对公司价值的影响，包括短期股价变动和长期股票回报。这些研究的一个基本逻辑是，如果股东大会是一项有效的治理机制，那么就能制约董事、高管等内部人对股东的可能侵

---

① 20 世纪 80 年代，SEC（The U. S. Securities and Exchange Commission，美国证券交易委员会）规定了股东的提案权，强调了股东提出议案的合法权利，之后积极的个人投资者开始向上市公司管理层提交股东提案，以表达对公司的意见与建议。

② 1980~1994 年，美国资本市场的机构持股比例从大约四分之一上升到超过一半（Sias and Starks 1997）。随着持股比例上升，机构也逐步成为积极的投资者。例如，1986 年和 1987 年，大型的公共养老基金开始向公司管理层提交股东委托书（shareholder proxy proposal），主要议题与公司治理有关，特别是管理层与股东之间的利益协调问题。机构提出的议案主要包括废除反收购修正案、修改投票规则、提高董事会独立性等（Gillan and Starks 1998）。

害，由此避免的代理冲突最终将提升公司价值。从股东积极主义角度出发，这也是一种社会价值（societal value）创造。

第一类研究考察股东大会公告相关内容后的短期股票回报，以市场反应测度投资者对股东大会决议的评价。股东提案公开披露的方式主要包括发布初步新闻公告（press announcement）、邮寄包括股东提案的委托材料（proxy material）及发布股东大会公告三类。早期的研究未能发现显著的超常回报（Prevost and Rao 2000），但后续研究逐步发现显著为正值的超常回报（Thomas and Cotter 2007，Renneboog and Szilagyi 2011）。也有研究聚焦特定股东提案公告后的短期市场反应，包括取消“毒丸计划”（正式名称为“股权摊薄反收购措施”）的股东提案（Bizjak and Marquette 1998）、反收购防御的股东提案（Thomas and Cotter 2007）、董事会选举、修改公司章程、利润处置等方面的股东提案（Yeh 2017）。

第二类研究考察股东积极主义的长期回报，即股东提案对公司长期市场业绩的影响。Smith（1996）以39家受CalPERs（The California Public Employees' Retirement System，加利福尼亚州公务员退休基金，美国最大的养老基金）股东提案影响的公司为研究对象，发现了显著为正值的长期股票回报。Opler和Sokobin（1997）考察了机构投资者委员会（Council of Institutional Investors）重点名单上的公司，发现了显著为正值的长期回报。但也有不同的研究结论，如Prevost和Rao（2000）发现，曾被公共养老基金作为目标公司的14家样本公司，提案后的3年期BHAR（buy and hold abnormal return，购买并持有异常收益）在统计上并不显著，而被公共养老基金多次作为目标公司的9家样本公司，提案后的3年期BHAR显著为负值。

（二）股东大会的治理作用：公司决策角度

近年来，关于股东大会的研究开始进一步考察股东提案、投票等对公司经营决策、公司治理方面的影响，而不是笼统地以长期或短期市场回报作为治理效应的检测。这类研究的一个基本逻辑是，股东大会直接监督制约董事会，董事会是公司经营管理的最高决策中心，同时也负有监督高管层的职责。那么，如果股东大会的治理作用是有效的，相关提案、投票结果将提高经营决策的效率，并加强对董事会及高管的监管。大部分研究发现股东大会对经营决策、公司治理等具有积极的作用。

第一，并购决策。并购是公司重要的外延扩张模式，并购本身的效率性是主并公司价值能否得以提升的重要决定因素。一些资产本身难以被成功地整合管理，但公司董事会仍有可能坚持收购。为降低不良并购，决策之一就是赋予股东对公司并购决策的监督权。研究发现，当监管部门宣布股东对公司收购决议实施强制性投票后，公司的股东财富得以增长（Becht et al. 2016），因为股东投票对主并公司的CEO（chief executive officer，首席执行官）实施了有效约束，缓解了收购中的代理问题（Li et al. 2018）。并且，公司的机构投资者积极参与了对并购决策的治理（Bethel et al. 2009）。

第二，薪酬计划。薪酬计划是对公司高管最为直接的监督、激励措施，为保障监督激励的有效性，英国和美国的证券监管都赋予了股东对公司薪酬计划的发言权。例如，美国众议院的薪酬（Say-on-Pay，SOP）法案、美国《国内税收法》第162条（M）款的规定、英国对股东就薪酬计划投票的规定等。Cai和Walkling（2011）发现，2007年众议院通过薪酬法案后，给予股东对公司高管薪酬的投票权提升了公司的价值。在实际运作中，当高管薪酬计划水平高于预期时，股东投票的反对率往往也更高（Carter and Zamora 2007，Fischer et al. 2009，Conyon and Sadler 2010，Cai and Walkling 2011，Ferri and Maber 2013，Alissa 2015）。

第三，董事选举。参与董事选举是股东行使对董事会监督职能的一个重要举措。Cai等（2009）首次对年度董事选举中的股东投票进行全面分析，研究考察了2003~2005年2 488次股东大会的投票情况，其中涉及13 000多名董事的选举。研究发现，当公司表现良好、拥有高质量的公司治理（如较少的收购抗辩或较多的外部董事）及董事会拥有高所有权时，董事的支持票数相对更高；当公司因证券欺诈而被起诉，或支付给CEO的薪酬超过预期时，董事支持率往往会下降。Cai等（2009）、Fischer等（2009）的研究发现，股东对董事的投票情况会影响公司后续的经营管理决策。

（三）股东大会的治理作用：具体制度角度

西方资本市场发展历程较长，也形成了较为完善的股东大会参与和投票制度。因此，相当一部分文献直接检验这些具体制度在公司治理方面发挥的效用，为股东大会的治理作用提供了支持证据。

1. 代理权争夺

代理权争夺（proxy contest），是指同一公司的不同股东组成的不同利益集团，通过争夺委托表决权（voting trust）行为以获得对董事会的控制权，从而达到更换公司管理者或改变公司战略的目的；是持有异议的股东（往往也是有影响力的大股东）与公司管理层或公司实际控制者之间争夺公司控制权的一种方式。

代理权争夺的目标是董事会席位，往往会引发重要的组织变革。Dodd和Warner（1983）的开创性研究发现，发起争夺者在58.3%的竞争中赢得了董事会席位。后续研究也发现，代理权争夺的发起者几乎都成功地获得了董事会席位（Deangelo H and Deangelo L 1989，Ikenberry and Lakonishok 1993，Mulherin and Poulsen 1998，Buchanan et al. 2012）。代理权争夺往往会对公司价值产生积极的影响（Dodd and Warner 1983，Mulherin and Poulsen 1998），但对董事的职业生涯有重大的负面影响（Fos and Tsoutsoura 2014）。

2. 经纪人投票

经纪人投票（broker vote），是指股票托管经纪人代表客户进行投票，使用的是未投票的所有者持有的股份。经纪人投票制度始于1937年，当时监管部门为了满足股东大会的法定人数要求，引入了该制度。经纪人投票适用于各类股东大会议案，通常为证券交易所规定的常规议案，包括无竞争性的董事选举及不超过发行在外股份5%的新股发行

（Maug and Rydqvist 2009）。Bethel和Gillan（2002）发现，经纪人投票总是倾向于支持管理层的提名人或议案，这种支持行为会将这些议案的支持率提高11~14个百分点，甚至更多。该制度的初衷是为了提高股东大会的出席率，但近年来，机构投资者控制了大部分流通在外的股份，因此，这一制度也失去了继续存在的意义。2009年，SEC取消了对2010年开始的董事选举的经纪人投票规定。

3. 代理参与

代理参与（proxy access），是指允许股东提名董事会候选人，这些候选人将与管理层提名人一起参与董事会选举。代理参与制度由SEC提出，并最终于2010年获得通过[①]。该制度允许至少持有公司3%股份并且持股时间不短于3年的股东提名个人担任公司董事，且提名人数不超过董事会席位的25%，旨在促进股东积极主义者提名董事并影响公司管理层的决策。

Becker等（2013）发现，当SEC延迟执行代理参与制度及当美国上诉法院（Court of Appeals）驳回该制度时，对于那些更容易受到代理参与制度影响、更可能成为股东积极主义者目标的公司而言，公司市值会大幅下降。Cohn等（2016）研究与代理参与制度相关的4个事件：Dodd-Frank法案中授权代理参与制度、撤销该授权、SEC通过代理参与制度及2010年10月延迟实施该制度，研究发现，当公司成为股东积极主义者的目标时，随着流动性的增加，代理参与制度的实施会增加绩效不佳公司的价值。Bhandari等（2015）则考察了通过股东提案方式为特定公司建立代理参与制度的事件，研究发现，纽约市审计署宣布70家公司采用股东议案方式建立代理参与制度时，这些公司表现出平均0.53%的显著超常回报率。

4. 代理顾问

代理顾问（proxy advisor），是指向客户发布投票建议的研究公司。目前最有影响力的代理顾问是机构股东服务公司（Institutional Shareholder Services，ISS），成立于1985年，旨在为机构投资者如何在股东大会中投票提供研究和建议，从而改善公司治理。

Cai等（2009）对董事选举的分析表明，当ISS建议股东投票反对单个董事时，该董事的支持率将平均下降8个百分点，如果这个董事的日常董事会出席率很低，那么支持率将平均下降11个百分点。也有研究发现，代理顾问通过为股东收集信息来提供服务，但股东的投票决定是基于数据而不是中介机构的建议（Choi et al. 2008）。例如，Ertimur等（2013）考察了代理顾问在薪酬计划投票中的作用，发现代理顾问更有可能在业绩不佳、CEO薪酬水平较高的公司给出反对票的建议，但股东对这些建议并不盲从。大部分公司会主动和股东接洽并修正薪酬计划，从而避免负面建议引发的股东反对票。因此，代理顾问的主要作用不是确定和促进更优的薪酬计划，而是代表机构处理大量高管薪酬信息，

---

① SEC在2003年、2007年和2009年多次提出代理参与制度，并于2010年8月24日最终获得通过。其后，美国BRT（Business Roundtable，商业圆桌会议）和USCOC（U.S. Chamber of Commerce，美国商会）于2010年9月29日提起诉讼，质疑SEC的代理访问规则的合法性。作为回应，SEC在2010年10月4日推迟了代理参与制度的实施。2011年7月，美国上诉法院宣布代理参与制度无效（Cohn et al. 2016）。

从而降低做出知情投票决定的成本。

5. “不投票”运动

“不投票”运动（just-vote-no campaign），是指股东为选举某些董事候选人而发起的投弃权票或拒绝参与投票的运动，目的在于推进董事会或公司战略的变革。20世纪90年代初以来，机构投资者偶尔对某些董事会成员发起“不投票”运动，希望产生大量弃权票，从而激励董事在公司中发挥更具建设性的作用。

Guercio等（2008）研究了112个公开宣布的“不投票”运动样本，这些运动主要以资本规模较大、业绩不佳公司的董事为目标。研究发现，这些公司在“不投票”运动发生后接下来的1年里，CEO更有可能发生变动，经营绩效也有所提高。Ertimur等（2011）以1997~2007年134次“不投票”运动和1 198次与高管薪酬有关的议案为研究对象，发现股东更有可能赞成与薪酬制定程序有关的议案，并且在CEO薪酬过高的公司，股东对这些议案的支持率会更高，这些被“不投票”运动作为目标的CEO薪酬过高的公司，之后CEO薪酬往往会大幅度下降（合计约为730万美元）。这些研究都支持了“不投票”运动的治理作用。

（四）中国的股东大会研究

中国的公司治理研究始于20世纪90年代，中国资本市场相对集中的股权结构及由此引发的代理冲突，一直是研究关注的重点。随着资本市场发展，研究话题不断丰富延展，主要包括股权结构特征（陈小悦和徐晓东 2001，刘芍佳等 2003）、大股东利益输送（李增泉等 2005，Jiang et al. 2010）、股东治理（魏明海等 2013）、并购市场（李善民和陈玉罡 2002，张新 2003）、董事会治理（于东智和池国华 2004，叶康涛等 2011，刘峰 2018）、高管薪酬计划（吕长江等 2009，方军雄 2012）、投资者法律保护（沈艺峰等 2005）等。但是，对于股东大会这一股东行使其表决权、控制权的重要机制，现有文献还很少关注。目前的股东大会研究主要聚焦会议投票制度等方面的话题，这可能与近年来中国资本市场多起中小投资者借助投票制度成功实现利益诉求有关。

2012年“格力电器”（000651）高管人事变动，实际控制人珠海市人民政府国有资产监督管理委员会希望空降一名核心管理层与董明珠共同负责经营管理，并有意将其培养为公司下一代接班人。该空降高管有多年在国有资产监督管理委员会工作的背景，但没有企业实际管理经验，这在一定程度上招致公司中小投资者的不满。在当年5月的年度股东大会上，股东对公司董事会的换届议案进行了表决。投票结果显示，空降高管的支持率仅为36.6%，选举其为格力电器董事的议案未获通过，而董明珠和由两家机构投资者提名的候选人得票率均超过了100%，成功当选。事实上，中小投资者正是利用了累积投票制度，成功地将自己的提名人送入公司董事会，同时也否决了大股东提名的候选人。类似情况也发生在“深康佳A”（000016）。2015年，在康佳集团股份有限公司年度股东大会召开之前，合计持有公司3%股份的中小股东Nam Ngai、夏锐、孙祯祥、蔡国新依据监管条例规定联合提交文件，对公司董事会非独立董事、独立董事及监事会候选人提出人选提案。之后，正是凭借累积投票制度，中小投资者联合提名的4名董事候选人顺利进驻公司董事会，占据了董事会7个席位中的4席（郑国坚等 2016）。康佳集团股份有限公司由此成为中国资本市场第一家中小股东击败控股股东并成功“夺权”的上市公司。正是这些“庶民的胜利”，引发了学术界对中国上市公司股东大会及相应投票制度的关注。

1. 累积投票制度

有文献主要是采用公司章程中的规定，来检验累积投票制度是否有助于抑制大股东侵害。吴磊磊等（2011）、陈玉罡等（2016）均发现，将累积投票制度写入公司章程的上市公司，大股东的掏空行为被有效抑制。但郑志刚等（2011）的研究结果表明累积投票制度的设立在中国公司治理实践中对投资者权力的保护作用有限。Chen等（2015）则发现累积投票制度有可能被作为阻止潜在收购威胁的工具，从而影响公司治理的有效性。研究结论不一致，一方面和研究期间、研究样本存在差异有关；另一方面也可能是因为现有文献主要以公司章程中对累积投票条款的设定为研究对象，如果进一步考察具体股东大会对累积投票制度的运用，就可以取得更为具体的研究结果。

2. 分类表决制度

2005年的股权分置改革，催生了中国证券市场诸多监管新规。其中，《关于加强社会公众股股东权益保护的若干规定》指出，“在股权分置情形下，作为一项过渡性措施，上市公司应建立和完善社会公众股股东对重大事项的表决制度”，这就是分类表决制度。姚颐和刘志远（2011）考察了分类表决制度实施前后上市公司再融资议案的表决情况，发现再融资议案的否决比率大大提高，并且基金在其中发挥了重要作用。Chen等（2013）考察了分类表决制度是否有助于抑制有损公司价值的议案，发现在共同基金持股比例较高的公司中，该制度阻止了管理层提交可能降低公司价值的权益发行议案。

3. 网络投票制度

网络投票制度也是在《关于加强社会公众股股东权益保护的若干规定》中首次提出的，随后被正式写入《中华人民共和国公司法》（以下简称《公司法》）、《上市公司股东大会规则》等法律法规。有文献采用深圳证券交易所的网络投票数据，检验了网络投票制度在公司治理中的作用。这些文献发现公司代理问题（黎文靖等 2012）、公司治理质量（孔东民等 2012）、信息透明度（黎文靖和孔东民 2013）等会影响中小投资者对网络参与平台的使用，这些研究也发现网络投票对公司业绩带来一定的积极影响（Gao et al. 2019）。但孔东民和刘莎莎（2017）提出，中小投资者参与给管理层带来的压力也有可能扭曲公司的行为。

总体而言，中国目前的股东大会研究还有可进一步拓展之处。由于数据所限，现有研究主要考察表决制度问题，但事实上，不论是股东大会的运行机理、经济后果，还是会议制度、具体议案都有进一步深入研究的意义。这也是本文梳理股东大会理论文献及中国股东大会制度背景的意义所在。

二、中国上市公司股东大会监管体系

20世纪90年代初，中国成立资本市场，相对规范的股东大会制度也始于当时。不论是国有企业改制为股份有限公司，还是有限责任公司变更为股份有限公司，都必须依据相应规章建立公司治理制度，股东大会无疑是其中重要的一项机制。对股东大会制度做出规定的法律法规主要包括《公司法》《上市公司治理准则》《上市公司章程指引》《上市公司股东大会规则》，上海证券交易所和深圳证券交易所颁布的《上市公司股东大会网络投票实施细则》，以及股权分置改革期间颁布的《关于加强社会公众股股东权益保护的若干规定》，等等。多层次的法律法规体系对中国股东大会的建立和运行做出了较为全面的规范。

（一）股东大会概况

《公司法》规定股东大会是上市公司的最高权力机构，对公司的重大事项拥有决定权。公司章程变更、董事任免、利润分配及公司的合并与解散等，均需由股东大会决定。此外，公司的一些重要决策，包括投融资计划、财务预算等通常也需要股东大会审议批准。

股东大会分为年度股东大会与临时股东大会。年度股东大会每年召开一次，由《公司法》强制规定召开，股份有限公司应当在会计年度终了的六个月内召开年度股东大会。临时股东大会在两次年度会议之间可召开多次，但并非可随意召集。当某些涉及股东重大利益的临时性事件需要股东大会审议时，可依照法律规定召开临时股东大会。

图1展示了股东大会的召开流程。股东大会通常由董事会决议后召集，上市公司在董事会决议后发布《召开股东大会通知》，通知内容包括会议时间和地点等、审议事项、股权登记日、投票方式等。通知发布后，符合条件的股东可在一定期限内提出临时议案，经董事会通过后发布《股东大会补充通知》，公告临时议案内容。会议举行时，上市公司向股东提供股东大会网络投票方式，网络投票开始时间早于现场会议。现场会议进行投票表决并形成会议记录，上市公司通常在股东大会召开后的第二天披露《股东大会决议公告》。

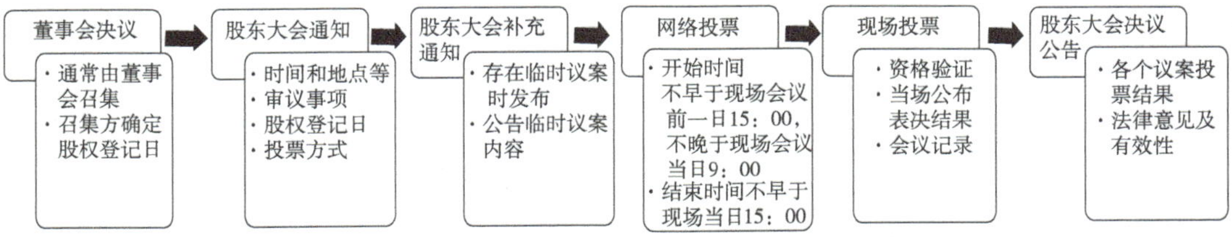

图1　股东大会的召开流程

（二）股东大会的召开程序

1. 股东大会的召集

《公司法》第一百零一条规定，“股东大会会议由董事会召集，董事长主持”。若董事会不能履行召集职责，由监事会、符合条件的股东召集。召集权的确认依次为董事会、监事会、单独或合计持有公司10%以上股份的股东。

年度股东大会每年召开一次，通常由董事会召集。对于临时股东大会，《公司法》《上市公司股东大会规则》规定了董事会召集的七种情形，主要可归为三大类：第一，董事会对一些决策事项认为有必要召集时自动召集，但相关法律法规未明确“有必要”的具体标准，具体情况由公司自行认定或解释。第二，出现法定事由时召集。《公司法》主要规定了两种情形：一是公司未弥补的亏损达实收股本总额三分之一时，资本流失涉及股东重大利益，会议自动由董事会召集；二是董事人数不足《公司法》规定人数或者公司章程所定人数的三分之二时，代理人缺位无法起到监督管理层和经营决策的作用，董事会应及时召集股东大会。第三，应提议或请求而召集，如监事会提议、单独或合计持有公司10%以上股份的股东书面请求时。

2. 股东大会议案

股东大会议案指的是在股东大会上将进行表决的议题和具体内容，通常由董事会、股东提出。多数情况下，议案由董事会进行，在提出之前董事会需进行决议。股东也可向股东大会提出议案，公司章程一般都会对股东提案权做出规定。2005年的《公司法》规定了“股东临时提案制度”：单独或者合计持有公司5%以上股份的普通股股东可以在会议召开十日前提出临时议案。2018年修订的《公司法》则将股东持股比例的要求由5%降低至3%，这在一定程度上加强了对中小股东的保护。符合条件的股东以书面形式提出临时议案，召集人在收到后两日内发出股东大会补充通知，公告临时议案内容。

3. 股东大会的召开与主持

公司应当在公司住所地或公司章程规定的地点召开股东大会。股东大会召开时，公司全体董事、监事和董事会秘书应当出席会议，经理和其他高级管理人员应当列席会议。会议主持的资格对象依次为董事长、副董事长、由半数以上董事共同推举的董事。公司股东大会同时采用网络或其他方式的，应当在股东大会通知中明确说明网络或其他方式的表决时间及表决程序。

4. 股东大会的表决与决议

股东大会的表决，是指股东对股东大会的议案做出赞同、反对或弃权的行为。股东表决权行使的基本原则为“一股一表决权”原则，即每一股份享有一份表决权。议案是否通过采用“资本多数决”原则，即采用所持股份占多数的股东的意见来决定议案是否通过。“资本多数决”包含两种情况：普通决议必须获得出席表决权二分之一以上的同意票，特别决议则必须获得出席表决权三分之二以上的同意票。普通决议和特别决议的表决事项如表1所示。

表1 普通决议和特别决议的表决事项

决议形式	普通决议	特别决议
要求	由出席股东大会的股东所持表决权的二分之一以上通过	由出席股东大会的股东所持表决权的三分之二以上通过
规定事项	（1）董事会和监事会的工作报告； （2）董事会拟定的利润分配方案和弥补亏损方案； （3）董事会和监事会成员的任免及其报酬和支付方法； （4）公司年度预算方案、决算方案； （5）公司年度报告； （6）除法律、行政法规规定或者公司章程规定应当以特别决议通过以外的其他事项	（1）公司增加或者减少注册资本； （2）发行公司债券； （3）公司的分立、合并、解散和清算； （4）公司章程的修改； （5）回购本公司股票； （6）公司章程规定和股东大会以普通决议认定会对公司产生重大影响的、需要以特别决议通过的其他事项

上市公司通常在会议召开后的第二天披露《股东大会决议公告》，列明出席会议的股东和代理人人数、其持有的表决权股份总数及占公司有表决权股份总数的比例、表决方式、每项议案的表决结果、通过的各项决议的详细内容等。

（三）股东大会表决制度

对议案进行表决是股东大会的一个重要环节，表决权是股东参与公司决策的重要权利，也是其他权利的前提与保障。“一股一表决权”和“资本多数决”是行使表决权的两大基本原则，“一股一表决权”体现了公司治理中的平等原则，“资本多数决”则体现了少数服从多数的原则。但“资本多数决”削弱了中小投资者对公司经营管理的实质性发言权，容易导致股东大会形式化。因此，实务中监管层通过各类表决规定，制衡“资本多数决”的滥用可能，保护中小投资者的利益。

1. 表决回避制度

表决回避，是指当公司股东（尤其是控股股东）与股东大会上待表决的议案存在利害关系时，该股东及其代理人不得参与投票表决，同时也禁止该股东代理其他股东行使表决权。

中国的表决回避制度最早出现于1993年的《公司法》，当时主要针对公司为股东或实际控制人提供担保这一情形，之后相关法规不断完善。例如，1997年的《上市公司章程指引》对股东回避表决的适用情形进行了扩展，规定股东大会审议关联事项时，关联股东应回避表决，且其股份数不计入有效表决总数。

2. 分类表决制度

分类表决，又称社会公众股股东表决，是指对再融资（增发新股、发行可转债、配售）、重大资产重组、以股抵债、附属企业境外上市等议案进行表决时，流通股股东需要进行单独表决。也就是说，在这一表决方式下想要通过上述议案，必须取得全体股东及流通股股东的双重同意。

2004年，中国证券监督管理委员会（以下简称证监会）发布的《关于加强社会公众股股东权益保护的若干规定》首次提出了分类表决制度，这是为了配合当时股权分置改革而试行的一项特殊的过渡性制度。其目的是在股权分置改革这一敏感时期，对中小投资者利益更有可能受到侵害的议案，给予中小投资者对大股东的制衡能力，而不只是被动地“用脚投票”。

3. 网络投票制度

网络投票，是指股东不必现场出席股东大会，可以通过网络投票平台进行表决，其效力等同于现场表决。网络投票制度也是在2004年的《关于加强社会公众股股东权益保护的若干规定》中被首次提出的，该规定指出上市公司在议案适用分类表决的情况下，要为股东提供网络投票平台，并鼓励上市公司在其他情况下也开通网络投票系统。网络投票可以最大限度地提升流通股股东对相应议案的参与程度，从而保证议案表决的公开和公平。

与分类表决制度的过渡性不同，随着互联网技术的发展，网络投票制度的应用越来越广泛。网络投票大大降低了传统现场投票或委托投票方式下的时空限制，减少了股东行使表决权的时间成本与代理成本。2013年，证监会开始引导上市公司股东大会全面采用网络投票形式，不再局限于特定议案类型。2016年修订的《上市公司股东大会规则》也对上市公司的网络投票做出了进一步规定。

4. 委托投票制度与征集投票制度

委托投票制度，是指股东可以采用书面形式委托代理人出席股东大会并行使表决权。股东委托代理人参会并表决有两类情况：一类是在委托授权书上表明对议案的赞成、反对或者弃权态度；另一类是不做具体指示，授权代理人自行做出表决，相当于表决权的让渡。

在公司股权高度分散的情况下，中小股东出于“搭便车”的心理及对参与成本的考虑，缺乏参加股东大会的激励。虽然可以委托投票，但由于存在寻找代理人的成本，中小股东往往也不会采取委托投票制度。因此，委托投票制度发展到一定阶段后，逐渐出现了征集投票制度。

征集投票制度，是指具有表决权的股东不能参加股东大会时，征集方劝说股东选任自己为代理人，代其行使表决权。征集投票制度与委托投票制度是相对应的两种制度：委托投票是股东基于自己的利益需求，主动将表决权委托于他人，代理人完全按照委托人的意愿行使该权利；征集投票则是征集方主动劝说股东，股东较为被动地授予其表决权。

2002年，《上市公司治理准则》首次对征集投票制度做出规定，规定投票权征集应采取无偿方式进行，并向被征集人充分披露信息。2018年修订的《上市公司治理准则》细化了对征集投票制度的规定，规定股东大会召集人不得对征集投票股东设定最低持股比例限制。

5. 累积投票制度

累积投票，是指当股东大会涉及董事、监事等选举时，股东拥有的每一股份均具有与应选董事或监事人数相当的表决权，可以集中使用，亦可分散投票给多名候选人。这与直接选举中的“一股一表决权”制度存在差异：直接选举制度采取一事一议、逐项表决，一旦大股东拥有50%以上的表决权，便可控制所有的董事席位；累积投票制度则是对多名董事同时进行投票，允许股东集中投票，赋予中小投资者提名的候选人获得席位的机会，能够较为有效地防止大股东对董事会的绝对控制①。此外，议案要在累积投票制度下通过，也需要满足赞成票占出席股东所持表决权（未累积前）1/2以上的条件②。

中国累积投票制最早见于1992年广东省人民政府的规定③；2002年，《上市公司治理准则》首次提到应推行该制度，要求股东大会选举董事时，单一股东及其一致行动人持股比例超过30%的上市公司必须采用累积投票制度。2006年，《公司法》对累积投票制度做出正式规定，适用范围由董事选举扩大到董事与监事选举。

6. 中小投资者单独计票制度

中小投资者单独计票，是指审议与中小投资者重大利益相关的议案时，公司需要对中小投资者单独计票，并且在《股东大会决议公告》中单独披露中小投资者的表决情况。

不同于分类表决制度，中小投资者单独计票制度只是对投票结果的单独统计和披露。在分类表决制度下，议案的通过需要得到流通股股东的多数同意；在中小投资者单独计票制度下，议案的通过与否仍取决于全体股东的表决情况。但中小投资者单独计票制度在一定程度上仍具有保护中小投资者的作用。中小投资者反对率较高的议案，会引发市场乃至监管部门的关注，从而对公司内部人形成一定的约束力。

2013年，《国务院办公厅关于进一步加强资本市场中小投资者合法权益保护工作的意见》首次提出“要建立中小投资者单独计票机制”，2016年修订的《上市公司股东大会规则》和《上市公司章程指引》明确规定了股东大会审议影响中小投资者利益的重大事项时，对中小投资者的表决应当单独计票，单独计票结果应当及时公开披露。

---

① 例如，某公司选出 4 名董事，大股东拥有 70 份表决权，中小股东拥有 30 份表决权。在直接投票制度下，先对第一名候选人进行投票，大股东凭借 70%的表决权可决定第一名候选人是否当选。之后再对第二名候选人进行表决，如此反复，大股东最终可以绝对控制 4 个席位。在累积投票制度下，大股东拥有 70 × 4=280 份表决权，中小股东拥有 30 × 4=120 份表决权，若中小股东将 120 票同时投给 1 名候选人，则能够保证至少拥有 1 个董事席位。

② 承接上例，若最终 4 名董事获得的票数分别为 160、120、80、40，则获得 40 票的候选人将会因为票数没有超过 50%（40 ÷ 100=40%）而未能当选。

③ 详见《广东省股份有限公司组织机构规则（试行）》（1992 年），其中第十三条规定，“选举董事时，每一份股份有与应选出董事人数相同的投票权，并实行累积投票法，即股东可以分别选举数人，也可以集中选举一人，由所得选票较多者顺次当选”。

三、中国上市公司股东大会的特征描述

本部分以中国主板上市公司为研究对象，对股东大会的相关特征进行描述，主要包括股东大会表决的议案类型、股东大会召开的时间和地点选择、会议的股东出席情况、现行表决制度的运用情况、会议议案的表决结果等，尝试通过这些数据对中国股东大会的召开、运作、决策机理、治理结果等做一个大致描述，帮助大家理解中国股东大会的现实情况、思考提炼可能的研究话题，同时也为下一步的经验检验做好数据准备。

（一）样本来源和数据获取

本文以2015~2017年主板上市公司股东大会为对象，包括年度股东大会和临时股东大会，数据主要来自“上市公司股东大会决议公告”。我们首先从巨潮资讯网批量下载“上市公司股东大会决议公告”，通过Python软件抓取公告信息并存储为结构化数据格式，采用正则表达式提取会议的时间、地点、主持人与召集方、出席人数、会议提出的议案及其内容、采用的表决制度、投票结果等信息。由于部分公司的股东大会决议公告披露不规范，我们又将公告原文与提取的数据进行手工比对、修正，最终取得3年14 177次股东大会、116 866项议案的数据。

股东大会的各项议案中，既有涉及董事选举、并购重组等重大事件，也有经营管理中的一些常规议案、普通议案。因此，我们将议案分为重要议案和普通议案两大类，将董事选举、薪酬计划、修改公司章程、选聘审计师、债权融资、股权融资、并购重组、担保、关联方交易[①]等议案归为重要议案，将其余议案归为普通议案。股东大会议案分类和股东大会议案情况分别如表2和表3所示。

表2 股东大会议案分类

议案类型		议案内容
重要议案	董事选举	董事会成员选举、增补变更、免去等
	薪酬计划	董事、监事、高管薪酬计划，股权激励计划，员工持股，等等
	选聘审计师	会计师事务所的聘任、续聘、改聘，以及审计费用等
	修改公司章程	公司经营范围、注册资本等公司章程内容的变更
	担保	公司为子公司、其他关联方、第三方等提供担保，以及担保额度等
	关联方交易	公司与各类关联方之间发生的日常关联交易、对关联交易额度的审批授权等
	股权融资	增发、发行可转债、配股等
	债权融资	发行票据和债券、借款、售后回租等
	并购重组	公司吸收合并、收购股权、重大资产重组等
普通议案		上述几项重大议案之外的其他议案

① 前几类议案也可能涉及关联方交易，如担保可能是对关联方的担保，并购可能是关联方之间的并购，但我们仍将这些议案归类为原来的重要议案类型。这几类议案之外的、涉及关联方交易的议案，在本文中作为关联方交易议案。

表3 股东大会议案情况

议案类型	所有股东大会（14 177 次）		年度股东大会（4 348 次）		临时股东大会（9 829 次）	
	数量/项	比例	数量/项	比例	数量/项	比例
董事选举	14 552	12.45%	5 455	9.76%	9 097	14.91%
薪酬计划	4 885	4.18%	2 138	3.83%	2 747	4.50%
选聘审计师	5 098	4.36%	4 223	7.56%	875	1.43%
修改公司章程	4 606	3.94%	1 685	3.02%	2 921	4.79%
担保	5 288	4.52%	2 127	3.81%	3 161	5.18%
关联方交易	5 624	4.81%	3 273	5.86%	2 351	3.85%
股权融资	15 509	13.27%	1 949	3.49%	13 560	22.23%
债权融资	7 357	6.30%	2 956	5.29%	4 401	7.22%
并购重组	12 292	10.52%	763	1.37%	11 529	18.90%
普通议案	41 655	35.64%	31 304	56.03%	10 351	16.97%
合计	116 866	100%	55 873	100%	60 993	100%

从表3可以看出，股东大会审议的所有议案为116 866项，其中重要议案的比例将近65%，其余为普通议案。重要议案中，股权融资、董事选举、并购重组等议案的比例较高，表明这些事项是股东大会的主要决策内容。

年度股东大会决议议案为55 873项，临时股东大会决议议案为60 993项，议案在这两类股东大会的分布较为平衡。但在样本中，年度股东大会召开了4 348次，临时股东大会召开了9 829次，因此，单次年度股东大会平均审议的议案要多于单次临时股东大会平均审议的议案。

相比之下，临时股东大会审议更多的重要议案，比例将近85%，年度股东大会审议的重要议案比例约为44%，这符合监管政策。临时股东大会通常是在公司出现需要股东表决的重大事件时才动议召开，因此这一类会议也会审议更多的重要议案。就具体的重要议案而言，董事选举议案更多在临时股东大会上审议；选聘审计师议案大部分发生在年度股东大会上，这主要是因为年度股东大会需要对第二年是否续聘公司审计师做出程序性表决；关联方交易议案也是更多地通过年度股东大会审议，这主要是因为年度股东大会通常需要对公司第二年的关联交易额度进行程序性审批；股权融资议案和并购重组议案则主要通过临时股东大会进行审议。

（二）股东大会召开的时间和地点

1. 股东大会召开的时间

表4列示了股东大会召开的时间，从分布上看，年度股东大会集中在上半年召开，因为，根据《公司法》年度股东大会应当在会计年度结束后6个月内召开。年度股东大会也需要审议公司的年度财务数据、年度审计报告等，而上市公司年报通常需要在次年4月之前公布完毕，因此，大部分公司集中在4月、5月公布年报后召开年度股东大会。临

时股东大会相对集中在下半年召开，有可能是为了错开上半年的年度股东大会，或者尽量安排在公司年报工作开始之前。

表4 股东大会召开的时间

时间	年度股东大会/次	临时股东大会/次
1月	—	674
2月	19	609
3月	175	663
4月	1 115	436
5月	2 209	401
6月	817	730
7月	13	747
8月	—	927
9月	—	1 271
10月	—	731
11月	—	1 198
12月	—	1 442
合计	4 348	9 829

表5列示了股东大会召开的具体时间，基本都安排在工作日，只有7次会议安排在周末，且都是临时股东大会。年度股东大会通常会提前确定日期，可能出于这个原因，主要安排在接近周末的周四、周五。临时股东大会的召开时间也有一定的集中性，周一和周五是召开次数最多的时间。

表5 股东大会召开的具体时间

具体时间	所有股东大会/次	年度股东大会/次	临时股东大会/次
周一	2 935	501	2 434
周二	2 403	772	1 631
周三	2 548	807	1 741
周四	2 808	1 005	1 803
周五	3 476	1 263	2 213
周六	3	0	3
周日	4	0	4
合计	14 177	4 348	9 829

2. 股东大会召开的地点

根据《上市公司股东大会规则》，公司应当在公司住所地或公司章程规定的地点召开股东大会。我们以4 348次年度股东大会为对象，确定公司年度股东大会召开的地点信息。剔除无法取得会议地点、办公场所地点的数据，我们共取得4 344个数据。

针对这些数据，我们进行以下工作。第一，对年度股东大会召开的地点进行分类，采取3种分类方法：①行政级别，分为直辖市、地级市（省会城市）、县级市；②经济水平，分为一线城市、二线城市、三线城市、四线及以下城市；③交通条件，分为开通高速铁路（以下简称高铁）的城市、未开通高铁的城市。第二，比对年度股东大会召开的地点是否是公司所在城市，以公司办公场所所在地作为公司所在城市，上市公司办公场所所在地数据来自CSMAR数据库。第三，股东大会召开的地点不在公司所在地的，进一步分类会议地点变化的类型。这些样本的年度股东大会召开的地点情况如表6所示。

表6 年度股东大会召开的地点

地点分类		所有样本		在公司所在城市召开		在其他城市召开	
		数量/次	比例	数量/次	比例	数量/次	比例
分类1：行政级别	直辖市	1 214	27.95%	1 058	27.30%	156	33.33%
	地级市（省会城市）	2 884	66.39%	2 609	67.31%	275	58.76%
	县级市	246	5.66%	209	5.39%	37	7.91%
分类2：经济水平	一线城市	2 044	47.05%	1 815	46.83%	229	48.93%
	二线城市	1 089	25.07%	985	25.41%	104	22.22%
	三线城市	503	11.58%	444	11.46%	59	12.61%
	四线及以下城市	708	16.30%	632	16.31%	76	16.24%
分类3：交通条件	开通高铁的城市	3 726	85.77%	3 325	85.78%	401	85.68%
	未开通高铁的城市	618	14.23%	551	14.22%	67	14.32%
合计		4 344	100%	3 876	100%	468	100%

从各种分类来看，年度股东大会主要在地级市（省会城市）及直辖市、一线城市及二线城市召开，召开地交通方便，绝大多数开通了高铁。这和上市公司办公场所选址有关，上市公司通常会选择在经济发达、交通便捷的城市设立办公场所。大部分上市公司也会选择在公司所在城市召开股东大会，4 344次年度股东大会中，有3 876次在公司所在城市召开，468次在公司所在城市以外的其他城市召开。选择这些地点召开年度股东大会的原因可能是多方面的，如上市公司所在城市通常交通方便，便于股东往来；会议结束后有的股东希望参观办公场所，实地调研、了解公司情况，这样选择会议召开的地点也比较方便。

根据《上市公司股东大会规则》，公司可以在所在城市召开股东大会，但实际上还是有468家公司选择了在其他城市召开会议。为什么会出现这种情况，有什么特殊的考量吗？我们继续以这468次不在公司所在城市召开的年度股东大会为研究对象，考察会议召开的城市的情况。同样采用3种分类办法来刻画特征：①行政级别，分为3种情况。例如，当公司所在城市为地级市（省会城市），召开会议的城市为直辖市，则归类为“比公司所在城市高一级”；召开会议的城市为地级市（省会城市），则归类为“与公司所在城市同一级”；召开会议的城市为县级市，则归类为“比公司所在城市低一级”。以此类推，当公司所在城市为直辖市，那么召开会议的城市只有“与公司所在城市同一级”“比公司所在城市低一级”两种情况。如果公司所在城市为县级市，那么召开会议的城市只有“比公司所在城市高一级”“与公司所在城市同一级”两种情况[①]。②经济水平，分为3种情况。比较分类办法同上一种情况。③交通条件，根据公司所在城市和召开会议的城市是否开通高铁，分为4种情况。表7列示了分类情况。

表7 在其他城市召开年度股东大会的会议地点

地点分类		数量/次	比例
分类 1：行政级别	比公司所在城市高一级	214	45.73%
	与公司所在城市同一级	170	36.32%
	比公司所在城市低一级	84	17.95%
分类 2：经济水平	比公司所在城市高一级	253	54.06%
	与公司所在城市同一级	114	24.36%
	比公司所在城市低一级	101	21.58%
分类 3：交通条件	公司所在城市开通高铁，召开会议的城市开通高铁	260	55.56%
	公司所在城市开通高铁，召开会议的城市未开通高铁	49	10.47%
	公司所在城市未开通高铁，召开会议的城市开通高铁	141	30.13%
	公司所在城市未开通高铁，召开会议的城市未开通高铁	18	3.85%
合计		468	100%

注：由于舍入修约，数据有偏差

从表7可以看出，468次不在公司所在城市召开的年度股东大会，大部分都选择了行政级别更高、经济更发达、交通更便捷的城市作为会议召开的地点。

以分类1而言，超过45%的公司选择了行政级别高一级的城市，如公司所在城市为地级市（省会城市）的公司选择将直辖市作为会议地点，或者公司所在城市为县级市的公司选择将地级市（省会城市）、直辖市作为会议地点；超过36%的公司选择行政级别为同一级的城市；只有不到18%的公司选择行政级别低一级的城市召开年度股东大会。

以分类2而言，超过54%的公司选择经济发展水平高一级的城市，如公司在二线城市的选择一线城市作为会议地点，或者公司在三线城市的选择一线城市或者二线城市作为会议地点，或者公司在四线及以下城市的选择高一级经济水平的城市作为会议地点；超过24%的公司选择经济水平为同一级的城市作为会议地点；只有不到22%的公司选择了经济水平低一级的城市。

以分类3而言，超过55%的公司选择同样开通高铁的城市作为会议地点，超过30%的公司在所在城市未开通高铁的情况下选择开通高铁的城市作为会议地点，这表明交通便捷性是选择公司所在城市以外的其他城市的一个考量。只有约10%的公司在所在城市开通高铁的情况下选择将未开通高铁的城市作为会议地点，不超过4%的公司在所在城市未开通高铁的情况下，仍选择将未开通高铁的城市作为会议地点。

① 出于分类简洁考虑，此处“比公司所在城市高一级”包含了公司所在城市为县级市，但会议地点为地级市（省会城市）或直辖市两种情况。其中，公司所在城市为县级市，会议地点为直辖市这种情况在样本中仅出现2次。

（三）股东大会出席情况

出席会议股东包括现场出席及在线出席的股东，由于监管部门要求上市公司全面开通网络投票平台，样本期内所有上市公司的股东大会都开通了网络参会通道。表8列示了股东大会上股东的出席情况。

表8　股东大会上股东的出席情况

股东大会类型	全部股东大会	年度股东大会	临时股东大会
出席会议的股东平均人数/人	40	43	40
出席会议的股东合计持股比例平均值	47.45%	50.03%	46.31%

从表8可以看出，每次股东大会出席会议的股东平均人数是40人，出席会议的股东合计持股比例平均值为47.45%。年度股东大会和临时股东大会这两个指标值差异不大，年度股东大会出席会议的股东平均人数和合计持股比例平均值略高，表明股东对年度股东大会可能更为关注。

图2显示了股东大会出席会议的股东人数大致分布情况。从图2可以看出，虽然出席股东大会的股东平均人数是40人，但样本中约60%会议的出席人数在20人以内，这表明公司中小投资者参与较少。因此，虽然所有股东大会都开通了网络投票参与平台，但到目前为止，中国证券市场中小投资者参与公司治理的积极性仍不高。

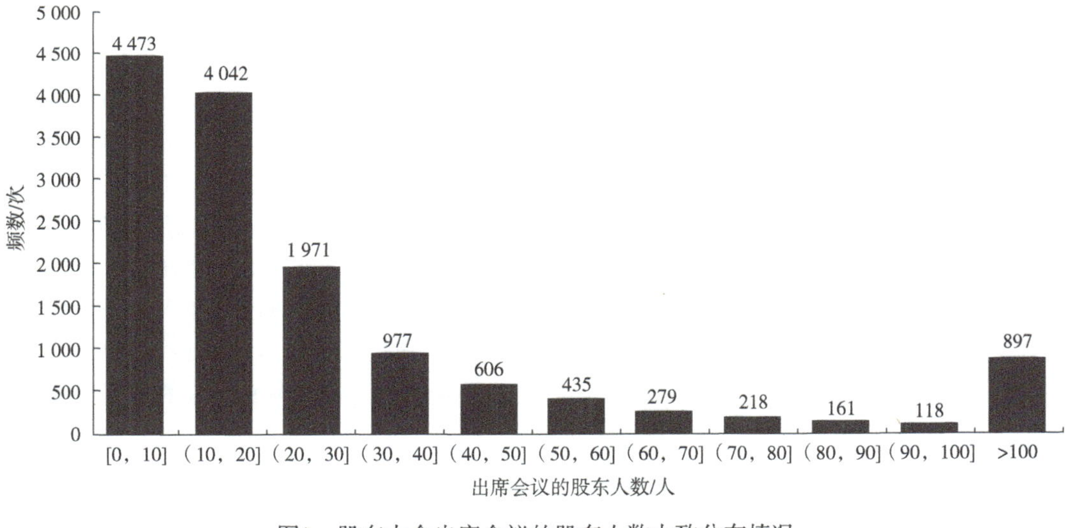

图2　股东大会出席会议的股东人数大致分布情况

（四）股东大会表决制度

1. 特别决议制度

根据《上市公司章程指引》，修改公司章程、增加或者减少注册资本、股权激励计划，以及公司合并、分立、解散或者变更公司形式等决议，必须采用特别决议方式，即经参加会议的股东所持表决权的三分之二以上投赞成票，该议案才能通过。

从表9可以看出，在股东大会表决的所有议案中，27.30%采用特别决议制度，临时股东大会表决的特别决议议案比例高达44.11%，高于年度股东大会的8.94%。这表明上述重大事项主要在临时股东大会上进行审议。就所有议案的平均否决率来看，采用特别决议制度的否决率为1.18%，显著大于未采用特别决议制度的0.70%；采用特别决议制度的议案其赞成票的平均比例为97.80%，也显著小于未采用特别决议制度的98.64%。这些都表明，采用特别决议制度在一定程度上增大了议案的通过难度。这一点符合政策设定的初衷，即重大事项的决议要兼顾尽可能多股东的利益。

表9 特别决议制度实施情况

特别决议制度	所有议案		年度股东大会议案		临时股东大会议案		所有议案的平均否决率	赞成票的平均比例
	数量/项	比例	数量/项	比例	数量/项	比例		
采用	31 900	27.30%	4 995	8.94%	26 906	44.11%	1.18%	97.80%
未采用	84 966	72.70%	50 878	91.06%	34 088	55.89%	0.70%	98.64%
合计	116 866	100%	55 873	100%	60 994	100%		
均值比较 t 值							7.10***	−15.23***

***表示显著性水平为 0.01

2. 表决回避制度

根据《上市公司章程指引》，当公司股东特别是控股股东，与所表决议案存在利害关系时，该股东及其代理人必须回避表决程序，不得参与投票。

从表10可以看出，在股东大会表决的所有议案中，采用表决回避制度的为18.61%；在临时股东大会表决的所有议案中，采用表决回避制度的比例为27.66%，高于年度股东大会的8.73%。这同样表明，临时股东大会更多地表决了关乎大股东利益的重要事项。此外，就所有议案的平均否决率而言，采用了表决回避制度的，大约有2.34%被否决，显著高于未采用表决回避制度的0.49%；就所有议案的赞成票的平均比例而言，采用了表决回避制度的，赞成票比例为95.71%，显著低于未采用表决回避制度的99.02%。这些数据说明，实施表决回避制度在一定程度上实现了监管政策的初衷，即在与大股东有利益关联的公司重大决策上，加强了公司其他股东的发言权，以及对大股东的监督和制约。

表10 表决回避制度实施情况

表决回避制度	所有议案		年度股东大会议案		临时股东大会议案		所有议案的平均否决率	赞成票的平均比例
	数量/项	比例	数量/项	比例	数量/项	比例		
采用	21 745	18.61%	4 877	8.73%	16 868	27.66%	2.34%	95.71%
未采用	95 121	81.39%	50 996	91.27%	44 125	72.34%	0.49%	99.02%
合计	116 866	100%	55 873	100%	60 993	100%		
均值比较 t 值							17.64***	−39.20***

***表示显著性水平为 0.01

3. 累积投票制度

累积投票制度通常用于董事选举，股东拥有的每一份股份均具有与候选人数相当的表决权。由于允许集中投票，中小投资者提名的董事候选人有当选的机会。根据《上市公司治理准则》，控股股东持股比例在30%以上的公司，董事选举应当采用累积投票制度。

从表11可以看出，14 552项董事选举议案中，有5 455项在年度股东大会决议，有9 097项在临时股东大会决议。其中，有10 998项采用了累积投票制度，超过样本总额的四分之三，这与中国上市公司股权集中度分布相契合。由于累积投票制度和直接投票制度的计票机理不可比，在此不对这两种投票制度的表决情况进行比较。

表11 累积投票制度实施情况

累积投票制度	董事选举议案		年度股东大会议案		临时股东大会议案	
	数量/项	比例	数量/项	比例	数量/项	比例
采用	10 998	75.58%	4 070	74.61%	6 928	76.16%
未采用	3 554	24.42%	1 385	25.39%	2 169	23.84%
合计	14 552	100%	5 455	100%	9 097	100%

（五）股东大会表决结果

在股东大会上，股东通过投票表达对相应议案的态度，决定议案最终能否通过。股东大会决议公告披露各个议案的赞成票、反对票、弃权票的情况，以及最终通过与否。对于与中小投资者重大利益相关的议案，公司需要对中小投资者单独计票，并在公告中披露这部分投资者的投票情况。表12列示了样本中全部议案的投票表决情况。

表12 样本中全部议案的投票表决情况

议案类型	全体股东投票情况		中小投资者投票情况		议案通过率
	议案数量/项	平均支持率	议案数量/项	平均支持率	
董事选举（采用累积投票制度）	10 998	98.47%	8 993	82.11%	99.10%
董事选举（采用非累积投票制度）	3 554	97.58%	3 028	89.17%	98.17%
薪酬计划	4 885	98.80%	4 082	89.37%	99.39%
选聘审计师	5 098	99.10%	3 817	90.01%	99.69%
修改公司章程	4 606	99.28%	2 801	88.15%	99.48%
担保	5 288	98.95%	4 121	84.60%	99.47%
关联方交易	5 624	96.34%	5 119	92.21%	98.06%
股权融资	15 509	98.14%	14 124	91.69%	99.21%
债权融资	7 357	99.21%	4 369	89.75%	99.76%
并购重组	12 292	96.11%	11 716	92.22%	97.72%
普通议案	41 655	99.08%	23 083	87.80%	99.56%
全部议案	116 866	98.41%	85 253	88.90%	99.17%

从表12可以看出，绝大部分议案最后都通过了，否决率不到1%，这一点符合常规。

通常来说，对于在股东大会上讨论的议题，相关方之间事先都会沟通，特别是大股东之间。因此，即便是西方资本市场，也鲜有股东大会现场否决议案的情况。

在116 866项议案中，有85 253项披露了中小投资者表决的情况。按照监管规定，只有这些议案和中小投资者的利益相关，公司才会对中小投资者投票单独计票并披露。就全样本来看，中小投资者的平均支持率为88.90%，全体股东的平均支持率为98.41%，大约有10个百分点的差异。这表明，相同的议案，中小投资者的支持程度要小于持股比例较高的股东。

为做进一步比较，我们筛选出有披露中小投资者表决情况的议案，对比这些议案两类赞成票比例的差异，结果见表13。

表13 全体股东和中小投资者赞成票比例比较

议案类型	议案数量/项	全体股东的赞成票比例	中小投资者的赞成票比例	t 检验
董事选举（采用累积投票制度）	8 993	98.73%	82.11%	46.64***
董事选举(采用非累积投票制度)	3 028	97.95%	89.17%	21.74***
薪酬计划	4 082	98.68%	89.37%	25.43***
选聘审计师	3 817	99.13%	90.01%	24.97***
修改公司章程	2 801	99.15%	88.15%	23.54***
担保	4 121	98.84%	84.60%	32.02***
关联方交易	5 119	96.35%	92.21%	17.73***
股权融资	14 124	98.17%	91.69%	41.67***
债权融资	4 369	99.04%	89.75%	26.19***
并购重组	11 716	96.24%	92.22%	33.15***
普通议案	23 083	98.90%	87.80%	66.09***
全部议案	85 253	98.22%	88.90%	114.80***

***表示显著性水平为 0.01

从表13可以看出，就全部议案而言，中小投资者的赞成票比例显著低于全部股东的赞成票比例，并且每一类明细议案都存在同样的情况。

首先，就所有重大议案而言，在采取累积投票制度的董事选举议案中，中小投资者的赞成票比例最低，略高于82%；中小投资者的赞成票比例和全体股东的赞成票比例之间的差额也最大，超过16%；较之采用非累积投票制度的董事选举议案，采用累积投票制度的中小投资者的赞成票比例更低，两类赞成票比例之间的差额也更大。结合累积投票制度设计的初衷来看，这一制度一定程度上抑制了大股东对董事会的绝对控制权，帮助中小投资者更好地表达了对大股东提名的董事人选的不同意见。

其次，对于担保议案而言，中小投资者的赞成票比例不到85%，两类赞成票比例之间的差额超过14%。由于担保可能被用于利益输送，有关议案的情况备受市场关注。从赞成票比例和两类赞成票比例的差额可以看出，中小投资者对该类议案的支持程度并不高，表现出对公司担保决策的不信任。

最后，修改公司章程议案的中小投资者的赞成票比例也较低，略高于88%，两类赞成票比例的差额达到11%。这表明当公司修改公司章程，特别是非常规修改时，中小投资者对修改议案更有可能持反对意见。

关联方交易议案的中小投资者的赞成票比例较高，一个可能原因是各类重大议案中涉及关联方关系的都被归类在原来的重要议案类型中。关联方交易议案主要是涉及普通议题的关联方交易，以及年度股东大会审议的关联交易额度等常规议案，中小投资者对这些关联方交易议案的态度会比较温和。

四、结　语

公司治理的初衷在于维护股东利益，保护出资人的投资和收益免受内部人侵害（Shleifer and Vishny 1997）。在公司治理机制的构建过程中，股东大会是整个体系的基石。股东大会选举产生董事会，并授予其管理决策权，为避免这种代理权被滥用，于是衍生了一系列内外治理机制。但在传统研究中，股东大会更多地被视为一项理所当然的制度而没有被深究其治理效应；公司治理机制希望能提高中小投资者“用手投票”的积极性，对股东大会这一股东直接申述意图的平台却缺乏应有的重视。近年来，股东积极主义研究的兴起，这一局面得以改观。股东积极主义倡导股东通过“发声”而不仅仅是变动公司控制权来制约内部人，在股东大会上提案、投票、表决显然是其中的重要渠道。

因此，本文对中国上市公司股东大会制度的现状进行考察和描述。目前，在监管上，我国形成了包括《公司法》、证监会颁布的法规，以及上海证券交易所和深圳证券交易所颁布的相关规定在内的多层次监管体系，对股东大会的设立、召集、召开、提案、表决等问题进行规范。

在具体的运行上，样本期间年度股东大会召开的次数要少于临时股东大会，临时股东大会审议的重要议案比例接近85%，远超过年度股东大会约44%的比例。在召开的时间和地点上，在时间安排上符合目前的监管规定，在地点选择上大部分公司都会选择在公司所在城市召开年度股东大会，只有10%左右的公司在其他城市召开年度股东大会。这些会议地点主要选择行政级别更高、经济更发达，或者交通更为便捷的城市。在股东出席会议情况上，平均会有40名股东出席股东大会，但多数（约60%）会议的股东出席人数在20人以内。在中国股东大会已全面开放网络参与渠道的情况下，这个数据表明中小股东参与比例偏低。

在具体表决制度上，采用特别决议制度、表决回避制度的议案，其否决率要显著高于未采用这些表决制度的同类议案，这表明这些制度加强了中小投资者在特定议案上的发言权。在议案的表决结果上，虽然议案的否决率很低，但就全部议案而言，中小投资者的赞成票比例要显著低于全体股东的赞成票比例，这在董事选举（采用累积投票制度）、担保、修改公司章程等决议事项中，表现得尤为明显。这表明在关乎中小投资者重要利益的一些议案上，中小投资者与大股东之间的分歧度还比较大。

参考文献

陈小悦，徐晓东. 2001. 股权结构、企业绩效与投资者利益保护. 经济研究，（11）：3-11.

陈玉罡，许金花，李善民. 2016. 对累积投票制的强制性规定有效吗? 管理科学学报，（3）：34-47.

方军雄. 2012. 高管超额薪酬与公司治理决策. 管理世界，（11）：144-155.

孔东民，刘莎莎，黎文靖，等. 2012. 冷漠是理性的吗? 中小股东参与、公司治理与投资者保护. 经济学（季刊），（1）：1-28.

孔东民，刘莎莎. 2017. 中小股东投票权、公司决策与公司治理—— 来自一项自然试验的证据. 管理世界，（9）：101-115.

黎文靖，孔东民，刘莎莎，等. 2012. 中小股东仅能"搭便车"么?—— 来自深交所社会公众股东网络投票的经验证据. 金融研究，（3）：152-165.

黎文靖，孔东民. 2013. 信息透明度、公司治理与中小股东参与. 会计研究，（1）：42-49.

李善民，陈玉罡. 2002. 上市公司兼并与收购的财富效应. 经济研究，（11）：27-35.

李增泉，余谦，王晓坤. 2005. 掏空、支持与并购重组——来自我国上市公司的经验证据. 经济研究，(1)：95-105.

刘峰. 2018. 独立董事的性质——一个分析性框架. 当代会计评论，（11）：1-17.

刘芍佳，孙霈，刘乃全. 2003. 终极产权论、股权结构及公司绩效. 经济研究，（4）：51-62.

吕长江，郑慧莲，严明珠，等. 2009. 上市公司股权激励制度设计：是激励还是福利? 管理世界，（9）：133-147.

沈艺峰，肖珉，黄娟娟. 2005. 中小投资者法律保护与公司权益资本成本. 经济研究，（6）：115-124.

魏明海，黄琼宇，程敏英. 2013. 家族企业关联大股东的治理角色—— 基于关联交易的视角. 管理世界，（3）：133-147.

吴敬琏. 1994. 什么是现代企业制度. 改革（1）：17-34.

吴磊磊，陈伟忠，刘敏慧. 2011. 公司章程和小股东保护—— 来自累积投票条款的实证检验. 金融研究，（2）：160-171.

姚颐，刘志远. 2011. 投票权制度改进与中小投资者利益保护. 管理世界，（3）：144-153.

叶康涛，祝继高，陆正飞，等. 2011. 独立董事的独立性：基于董事会投票的证据. 经济研究，46（1）：126-139.

于东智，池国华. 2004. 董事会规模、稳定性与公司绩效：理论与经验分析. 经济研究，（4）：70-79.

张新. 2003. 并购重组是否创造价值?——中国证券市场的理论与实证研究. 经济研究，（6）：20-29.

郑国坚，蔡贵龙，卢昕. 2016. "深康佳"中小股东维权："庶民的胜利"抑或"百日维新"？—— 一个中小股东参与治理的分析框架. 管理世界，（12）：145-158.

郑志刚，许荣，徐向江，等. 2011. 公司章程条款的设立、法律对投资者权力保护和公司治理——基于我国 A 股上市公司的证据. 管理世界，（7）：141-153.

Aghion P，Tirole J. 1997. Formal and real authority in organizations. Journal of Political Economy，105（1）：1-29.

Alissa W. 2015. Boards' response to shareholders' dissatisfaction：the case of shareholders' say on pay in the UK. European Accounting Review，24（4）：727-752.

Becht M，Polo A，Rossi S. 2016. Does mandatory shareholder voting prevent bad acquisitions? The Review of Financial Studies，29（11）：3035-3067.

Becker B, Bergstresser D, Subramanian G. 2013. Does shareholder proxy access improve firm value? Evidence from the business roundtable challenge. The Journal of Law and Economics，56（1）：127-160.

Bethel J E，Gillan S L. 2002. The impact of the institutional and regulatory environment on shareholder voting. Financial Management，31（4）：29-54.

Bethel J E，Hu G，Wang Q. 2009. The market for shareholder voting rights around mergers and acquisitions：evidence from institutional daily trading and voting. Journal of Corporate Finance，15（1）：129-145.

Bhandari T，Iliev P，Kalodimos J. 2015. Public versus private provision of governance：the case of proxy access. Pennsylvania State University Working Paper.

Bizjak J M，Marquette C J. 1998. Are shareholder proposals all bark and no bite? Evidence from shareholder resolutions to rescind poison pills. The Journal of Financial and Quantitative Analysis，33（4）：499-521.

Black B S. 1992. Agents watching agents：the promise of institutional investor voice. UCLA Law Review，（39）：811-893.

Buchanan B G，Netter J M，Poulsen A B，et al. 2012. Shareholder proposal rules and practice：evidence from a comparison of the United States and United Kingdom. American Business Law Journal，49（4）：739-803.

Burkhart M，Gromb D，Panunzi F. 1997. Large shareholders，monitoring，and the value of the firm. The Quarterly Journal of Economics，112（3）：693-728.

Cai J，Garner J L，Walkling R A. 2009. Electing directors. The Journal of Finance，64（5）：2389-2421.

Cai J，Walkling R A. 2011. Shareholders' say on pay：does it create value? The Journal of Financial and Quantitative Analysis，46（2）：299-339.

Carter M E，Zamora V. 2007. Shareholder remuneration votes and CEO compensation design. Social Science Electronic Publishing，102（1）：77-87.

Chen Y，Li W，Lin K. 2015. Cumulative voting：investor protection or antitakeover? Evidence from family firms in China. Corporate Governance：An International Review，23（3）：234-248.

Chen Z，Ke B，Yang Z. 2013. Minority shareholders' control rights and the quality of corporate decisions in weak investor protection countries：a natural experiment from China. The Accounting Review，88（4）：1211-1238.

Choi S，Fisch J，Kahan M. 2008. Director elections and the influence of proxy advisors. New York University Working Paper.

Cohn J B，Gillan S L，Hartzell J C. 2016. On enhancing shareholder control：a（Dodd-）Frank assessment of proxy access. The Journal of Finance，71（4）：1623-1668.

Conyon M，Sadler G. 2010. Shareholder voting and directors' remuneration report legislation：say on pay in the UK. Corporate Governance：An International Review，18（4）：296-312.

De Jongh J M. 2011. Shareholder activists avant la lettre：the "complaining participants" in the Dutch East India Company，1622-1625//Koppell J G S. Origins of Shareholder Advocacy. New York：Palgrave Macmillan：61-87.

Deangelo H，Deangelo L. 1989. Proxy contests and the governance of publicly held corporations. Journal of Financial Economics，23（1）：29-59.

Denes M R，Karpoff J M，Mcwilliams V B. 2017. Thirty Years of shareholder activism：a survey of empirical research. Journal of Corporate Finance，44（1）：405-424.

Dodd P，Warner J B. 1983. On corporate governance：a study of proxy contests. Journal of Financial Economics，（11）：401-438.

Ertimur Y，Ferri F，Muslu V. 2011. Shareholder activism and CEO pay. The Review of Financial Studies，24（2）：535-592.

Ertimur Y, Ferri F, Oesch D. 2013. Shareholder votes and proxy advisors: evidence from say on pay. Journal of Accounting Research, 51（5）: 951-996.

Ferri F, Maber D. 2013. Say on pay votes and CEO compensation: evidence from the UK. Review of Finance, 17（2）: 527-563.

Fischer P E, Gramlich J D, Miller B P, et al. 2009. Investor perceptions of board performance: evidence from uncontested director elections. Journal of Accounting and Economics, 48（2）: 172-189.

Fos V, Tsoutsoura M. 2014. Shareholder democracy in play: career consequences of proxy contests. Journal of Financial Economics, 114（2）: 316-340.

Gao H, Huang J, Zhang T. 2019-11-01. Can online annual general meetings increase shareholders' participation in corporate governance? https://onlinelibrary.wiley.com/doi/abs/10.1111/fima.12301.

Gillan S L, Starks L T. 1998. A survey of shareholder activism: motivation and empirical evidence. Contemporary Finance Digest, 2（3）: 6-18.

Guercio D D, Seery L, Woidtke T. 2008. Do boards pay attention when institutional investor activists "just vote no"? Journal of Financial Economics, 90（1）: 84-103.

Ikenberry D, Lakonishok J. 1993. Corporate governance through the proxy contest: evidence and implications. The Journal of Business, 66（3）: 405-435.

Jiang G, Lee C M C, Yue H. 2010. Tunneling through intercorporate loans: the China experience. Journal of Financial Economics, 98（1）: 1-20.

Karpoff J M, Rice E M. 1989. Organizational form, share transferability, and firm performance: evidence from the ANCSA Corporations. Journal of Financial Economics, 24（1）: 69-105.

Li K, Liu T, Wu J. 2018. Vote avoidance and shareholder voting in mergers and acquisitions. The Review of Financial Studies, 31（8）: 3176-3211.

Li Y, Yermack D. 2016. Evasive shareholder meetings. Journal of Corporate Finance, 38: 318-334.

Matsusaka J G, Mccarty N M. 2001. Political resource allocation: benefits and costs of voter initiatives. Journal of Law Economics & Organization, 17（2）: 413-448.

Maug E, Rydqvist K. 2009. Do shareholders vote strategically? Voting behavior, proposal screening, and majority rules. Review of Finance, 13（1）: 47-79.

Morck R, Shleifer A, Vishny R. 1988. Management ownership and market valuation: an empirical analysis. Journal of Financial Economics, 20（1）: 293-315.

Mulherin J H, Poulsen A B. 1998. Proxy contests and corporate change: implications for shareholder wealth. Journal of Financial Economics, 47（3）: 279-313.

Opler T C, Sokobin J. 1997. Does coordinated institutional activism work? An analysis of the activities of the council of institutional investors. Ohio State University Working Paper.

Porta L R, Lopez-de-Silanes F, Shleifer A, et al. 1997. Legal determinants of external finance. The Journal of Finance, 52（3）: 1131-1150.

Pound J. 1992. Raiders, targets, and politics: the history and future of American corporate control. Journal of Applied Corporate Finance, 5（3）: 6-18.

Prevost A K, Rao R P. 2000. Of what value are shareholder proposals sponsored by public pension funds? The Journal of Business, 73（2）: 177-204.

Renneboog L, Szilagyi P G. 2011. The role of shareholder proposals in corporate governance. Journal of Corporate Finance, 17（1）: 167-188.

Shleifer A, Vishny R. 1997. A survey of corporate governance. The Journal of Finance, 52（2）: 737-783.

Sias R W, Starks L T. 1997. Return autocorrelation and institutional investors. Journal of Financial Economics, 46（1）: 103-131.

Smith M P. 1996. Shareholder activism by institutional investors：evidence from CalPERs. The Journal of Finance，51：227-252.

Talner L. 1983. The origins of shareholder activism. Washington D.C.：Investor Responsibility Research Center.

Thomas R S，Cotter J F. 2007. Shareholder proposals in the new millennium：shareholder support，board response，and market reaction. Journal of Corporate Finance，13（2）：368-391.

Wright R E，Sylla R. 2011. Corporate governance and stockholder/stakeholder activism in the United States，1790-1860：new data and perspectives//Koppell J G S. Origins of Shareholder Advocacy. New York：Palgrave Macmillan：231-251.

Yeh T. 2017. Determinants and consequences of shareholder proposals：the cases of board election，charter amendment，and profit disposal. Journal of Corporate Finance，45（1）：245-261.

Yermack D. 2010. Shareholder voting and corporate governance. Annual Review of Financial Economics，2（1）：103-125.

The Roles of Shareholders Meeting：Literatures Review and China's Practice

Ning Cai[1] and Guoqiang Wu[2]

1. Center for Accounting Studies of Xiamen University and School of Management，Xiamen University，Xiamen，Fujian，China 361005

2. School of Management，Xiamen University，Xiamen，Fujian，China 361005

Abstract：The rising of shareholder activism has prompted a growing literature on the role of shareholders meeting in corporate governance. By contrast，research on shareholders meeting in China remains a black box. This paper first reviews the literature on shareholders meeting of the developed markets，and then summarizes the procedures and regulations of shareholders meeting in China. In addition，we describe the characteristics of shareholders meeting for listing companies in China. In doing so，we hope to build a database of China's shareholders meeting and promote future empirical research on the corportate governance role of shareholders meeting in China.

Keywords：shareholder meeting；corporate governance.

当代会计评论 Contemporary Accounting Review
第12卷第3辑 Vol.12 No.3
2019年 2019

盈余管理动机下的研发支出削减、技术独立董事和证券分析师关注*

丁方飞　肖金阳
（湖南大学工商管理学院，湖南 长沙 410012）

【摘要】 本文检验盈余管理动机下和非盈余管理动机下的研发支出削减是否存在经济后果上的差异，以及作为内部监督机制的技术独立董事和外部监督机制的证券分析师关注能否降低研发支出削减的负面影响。本文的结果表明，相比非盈余管理动机下的研发支出削减，盈余管理动机下的研发支出削减会导致更严重的创新产出下降，同时降低企业价值，而非盈余管理动机下的研发支出削减反而会提升企业价值。技术独立董事和证券分析师关注会显著地减轻盈余管理动机下的研发支出削减的负面影响。本文的研究结果表明，非盈余管理动机下的研发支出削减可能是正常的经营策略调整，而盈余管理动机下的研发支出削减更可能是一种机会主义行为，会降低企业的创新产出和价值，但有效的监督机制有可能减轻这一行为的负面影响。
【关键词】 盈余管理动机　研发支出削减　技术独立董事　证券分析师关注

一、引　　言

研发投入是创新的源泉，研发投入与专利产出之间存在显著的正相关性（Pavitt 1980，Acs and Audretsch 2010），但现实中企业基于各种原因可能会降低其研发支出，从而可能影响企业的创新水平和企业价值，而在不同的动机下，研发支出削减可能会产生差异化的经济后果。本文检验盈余管理动机下的研发支出削减是否会降低创新产出和企

* 丁方飞，教授，E-mail：undergoing110@163.com；肖金阳，硕士研究生，E-mail：1280438928@qq.com。本文受到国家自然科学基金项目“‘意见领袖’角色定位下证券分析师预测对市场情绪的干预机制研究”（71572054）和湖南省社会科学基金项目“证券分析师预测对我国上市公司创新绩效的促进机制研究”（18YBA087）的资助。

业价值，以及与非盈余管理动机下的研发支出削减的经济后果相比是否存在显著差异。进一步，本文检验作为内部监督机制的技术独立董事和外部监督机制的证券分析师关注能否减轻研发支出削减的负面效应。我们预期，相比非盈余管理动机下的研发支出削减，盈余管理动机下的研发支出削减可能是一种代理冲突情境下的机会主义行为，缺少基于研发项目营利性和企业长远发展的考虑，从而容易削减有价值的研发项目，对企业创新产出和企业价值会产生负面影响；如果有效的监督机制能发挥作用，则有可能减轻这一不利影响。本文的实证结果表明，与非盈余管理动机下的研发支出削减相比，盈余管理动机下的研发支出削减会导致企业更大程度的创新产出下降，同时会降低企业价值，而非盈余管理动机下的研发支出削减反而会提升企业价值。本文进一步研究发现，技术独立董事和证券分析师关注会降低盈余管理动机下的研发支出削减的负面影响。

一方面，盈余管理动机下的研发支出削减是一种机会主义行为，不是以优化研发投入决策为目标的理性行为（Roychowdhury 2006），可能会严重影响企业创新产出和企业价值。另一方面，在没有盈余管理动机时，企业基于正常的经营管理活动也可能会削减研发支出，这种研发支出削减对企业的影响具有不确定性。因此，盈余管理动机下和非盈余管理动机下的研发支出削减可能会对企业产生差异化的经济后果，而识别不同动机下研发支出削减的经济后果有助于利益相关者对企业的经营决策和企业价值做出更合理的评估，优化其经济决策。

独立董事代表中小股东利益，能对管理层的“内部人”控制产生制衡作用，被认为是一种有效的企业内部治理机制，而技术独立董事兼具内部监督职能和专业技术能力，可以对企业的研发创新带来积极影响（Osma 2008，胡元木和纪端 2017）。证券分析师是证券市场的信息中介，具有外部监督职能（Jensen and Meckling 1976，Yu 2008，Dyck et al. 2010），也可以影响企业的创新绩效（He and Tian 2013，余明桂等 2017）。如果研发支出削减会给企业带来不利的后果，考察作为企业内部监督机制的技术独立董事和外部监督机制的证券分析师关注是否能减轻这一后果则可以为保护和提升企业的创新水平提供一定的借鉴。

尽管已有文献研究了多种因素对企业创新产出的影响，如政府补助（杨亭亭等 2018）、产业政策（冯飞鹏 2018）、融资约束（李宏亮和谢建国 2018）、企业并购（冼国明和明秀南 2018）和公司治理（张玉娟和汤湘希 2018）等，但是鲜有文献研究盈余管理动机下和非盈余管理动机下的研发支出削减所导致的经济后果，也尚未有文献涉及公司的内外部监督机制能否对研发支出削减所产生的经济后果具有调节效应。与本文的研究比较接近的是朱红军等（2016）和Bereskin等（2018）的研究。朱红军等（2016）发现盈余管理动机下的研发支出削减会导致企业创新产出减少，进而影响经营业绩和企业价值；Bereskin等（2018）研究发现盈余管理动机下的研发支出削减会影响企业创新产出和创新效率。本文是在上述研究基础上的进一步拓展研究：第一，盈余管理动机下的行为是典型的机会主义行为，其行为的方式和结果应该与非盈余管理动机下行为的方式和结果存在差异。因此，本文重点比较盈余管理动机下和非盈余管理动机下的研发支出削减在经济后果上的差异。第二，本文试图寻找能抑制盈余管理动机下研发支出削减导致的负面影响的监督机制。因此，本文进一步研究技术独立董事和证券分析师关注对盈余管理动机下研发支出削减的经济后果的调节效应。

本文的贡献在于：第一，本文区分了盈余管理动机下和非盈余管理动机下的研发支出削减的经济后果上的差异，发现前者比后者对创新产出的负面影响更大，且会降低企业价值，后者则对企业价值有促进作用。这不但增进了对盈余管理行为的经济后果的理解，而且拓展了企业创新影响因素的相关文献，也说明在探索企业创新绩效影响因素时，需要考虑不同行为背后的动机差异。第二，本文发现技术独立董事和证券分析师关注对于盈余管理动机下的研发支出削减的经济后果具有调节效应，这同样拓展了对特定情境下技术独立董事和证券分析师关注对企业创新作用机制的理解。本文的研究结论对于投资者如何依据不同的情境评判企业的研发支出削减行为，以及相关部门如何充分利用各种监督机制保护和提升我国企业的创新水平和企业价值具有借鉴作用。

二、文献回顾与研究假设

（一）文献回顾

1. 真实盈余管理及其后果

真实盈余管理通过改变企业的真实经营活动来粉饰利润数据。Bruns和Merchant（1990）、Graham等（2005）的调查显示，由于会计管制日趋严格，管理者更倾向于通过改变可自由支配的支出而不是通过应计项目来操纵收益。调整包括研发支出在内的酌量性费用是真实盈余管理的常用手段（Baber et al. 1991，Bushee 1998，Healy et al. 2002，Roychowdhury 2006，胡元木等 2016）。

真实盈余管理行为使得企业偏离了正常的经营活动，其产生的经济后果受到关注。Graham等（2005）认为真实盈余管理行为会损害公司价值；Cohen和Zarowin（2010）发现，相比应计盈余管理，真实盈余管理对企业未来的营利能力会产生更大的负面影响。其他一些研究也认为真实盈余管理会对公司未来的经营绩效产生负面影响（Bhojraj et al. 2009，李增福等 2011），但关于真实盈余管理对于企业的创新产出影响的文献并不多。胡元木等（2016）发现我国企业普遍存在削减研发支出进行真实盈余管理的现象；朱红军等（2016）发现盈余管理动机下的研发支出削减会降低企业未来的创新产出和企业绩效；Bereskin等（2018）也发现盈余管理动机下的研发支出削减会降低企业的创新产出和创新效率。但目前还鲜有文献比较盈余管理动机下和非盈余管理动机下的研发支出削减对企业的创新产出和企业价值是否存在差异化的影响。

2. 创新活动的价值影响

大量的实证研究表明，拥有较多研发支出和专利数量的企业会表现出更好的经营业绩和营利能力（Lev and Sougiannis 1996，Chan et al. 2001，Kothari et al. 2002，Eberhart et al.

2004）。拥有更强大的专利组合的企业的营利能力和经营业绩更好（Gu 2005，Pandit et al. 2011）；拥有更多专利数量的企业有更高的市场估值和股票回报（Griliches 1990，Lerner 1994，Deng et al. 1999，Lanjouw and Schankerman 2004）。总的来说，企业创新活动的投入与产出对其经营业绩和市场价值有积极影响，因此，研发支出削减可能会对企业的创新产出和企业价值产生负面影响。但由于行为动机的差异，盈余管理动机下和非盈余管理动机下的研发支出削减可能会有差异化的影响，目前还缺少这一方面的研究。

3. 技术独立董事和证券分析师关注对企业创新活动的影响

独立董事制度起源于20世纪60年代的美国，我国于2001年引入独立董事制度，并在我国的上市公司中实施。独立董事代表中小股东的利益，能够有效地制衡“内部人”控制。Dechow和Skinner（2000）、Osma（2008）等从不同角度研究发现，独立董事有能力识别、监督管理层的盈余管理行为。Adler和Ferdows（1990）首次将既有专业技术背景又能胜任管理领导职位的首席技术官定义为“技术董事”。国内学者胡元木（2012）第一次提出技术独立董事这一名词，指具有专业技术背景的独立董事。技术独立董事既区别于担任管理岗位的技术执行董事，又区别于企业一般性的技术顾问。技术执行董事不具有独立性，本身代表“内部人”利益，对管理层的机会主义行为不一定具有监督动机。一般性的技术顾问则受聘于企业从事技术咨询方面的工作，独立性同样比较弱，无监督动力；由于技术顾问不具有董事会的投票权和表决权，其监督途径也受限。而技术独立董事一方面具有与生产、经营相关的专业背景，能充分利用自有知识对企业的研发活动提供透彻的见解和建议；另一方面，技术独立董事具有法定的监督义务，代表中小股东利益，对管理层的机会主义行为具有较强的监督动机。Massis等（2013）发现独立董事对企业的创新绩效有正向影响；胡元木等（2016）认为技术独立董事由于同时拥有专业技术能力和监督能力，能有效抑制管理层操控研发费用。周军（2018）发现独立董事网络中心度与企业的创新产出呈显著正相关关系，技术独立董事使两者的正向关系显著增强。

学者关于证券分析师关注对企业创新活动的影响则存在一定争议。现有来自西方国家的证据表明,企业有动力通过盈余管理来达到证券分析师的盈余预测目标(Bartov et al. 2002)，在此情境下，证券分析师关注会产生短期业绩压力效应，从而降低企业的创新水平（He and Tian 2013）。但由于市场环境的差异，在我国资本市场上证券分析师的作用可能存在差异。首先，我国资本市场的股权集中度高、流动性更低，个体投资者对管理层决策影响较小，而大股东控制能力强，因此管理层可能较少地承受来自以证券分析师为代表的市场业绩压力（潘越等 2011）。其次，由于经理人市场不够完善，证券分析师的业绩压力效应可能对管理层的作用并不明显（袁春生等 2008）。最后，我国资本市场信息透明度相对较低、投资者对证券分析师的信息依赖度比较大，证券分析师的信息解读效应和监督效应会更强（许莉萍等 2006，蔡庆丰和阿娇 2011）。陈钦源等（2017）和余明桂等（2017）均认为在我国资本市场上证券分析师的信息解读效应和监督效应会强于压力效应，从而对企业创新绩效能产生正面效应。总体而言，在我国资本市场上的证券分析师对创新产出的影响可能与美国市场存在差异，短期业绩压力效应更弱，而对创新活动的正面作用可能会更强。

尽管上述文献都涉及证券分析师关注和技术独立董事可能会影响企业的创新产出，但尚无文献探讨当管理层具有盈余管理动机并存在研发支出削减行为时，技术独立董事和证券分析师关注能否影响这一行为的经济后果。

（二）研究假设

盈余管理动机是一种机会主义倾向，有盈余管理动机的管理者可能会削减研发支出以提高报告收益，从而致使研发投资不足，对企业的创新产出和企业价值可能会产生负面影响。盈余管理动机下的研发支出削减的目的是提高财务报告利润，因而管理者更有可能削减最容易调整的投资项目，而不一定会削减成功率低或者不具价值的投资项目。另外，具有盈余管理动机的管理者的目的是达到预期利润目标，因此并不会以研发项目是否具有经济价值作为是否削减的第一标准，这样很可能会伤害到对企业具有重要价值的研发项目。因此，我们预期盈余管理动机下的研发支出削减一方面可能会放弃成功率高的项目，从而会极大地降低企业的创新产出；另一方面则可能会放弃对企业发展具有重要价值的项目，从而会对企业价值产生负面影响。

当企业不存在盈余管理动机时，企业的研发支出削减可能是一种正常的经营决策。一方面，基于正常经营目标下的研发支出削减计划有可能减少了不必要的研发开支或者放弃了无价值的研发项目，从而对企业的创新产出和企业价值没有负面影响。另一方面，如果企业是基于资金压力而被迫放弃一些研发项目，也会有一个相对周密的削减规划，削减成功率更低或者边际收益较低的项目，从而使其对企业的负面效应降到最低。如果非盈余管理动机下的研发支出削减属于正常的经营策略调整范畴，我们预期这种削减对企业的负面影响会更小，甚至可能没有负面影响。因此，盈余管理动机下的研发支出削减相比非盈余管理动机下的研发支出削减对企业的创新产出和企业价值的负面影响更大。据此，本文提出假设1。

假设 1：与非盈余管理动机下的研发支出削减相比，盈余管理动机下的研发支出削减会导致更大的创新产出下降，对企业价值会产生更大的负面影响。

前述文献回顾已经表明技术独立董事对企业的研发活动有正向的积极作用。我们预期，技术独立董事能减轻管理者与投资者之间的代理问题，当管理层存在盈余管理动机而削减研发支出时，技术独立董事的专业经历使得其有能力优化董事会的研发投资决策；而作为管理层的一种“风险防护”机制（刘峰 2018），技术独立董事也有动机和条件影响管理层的研发决策。例如，技术独立董事可以制止管理层削减对企业有重要价值的研发项目，指导企业尽可能地削减不必要的研发支出，或者减少价值较低项目的研发投入，能在较大程度上减少企业研发支出削减导致的负面影响。据此，本文提出假设2。

假设 2：技术独立董事可以降低盈余管理动机下的研发支出削减对企业的创新产出和企业价值的负面影响。

证券分析师关注是公司重要的外部治理机制。证券分析师作为市场的信息媒介，会对企业的经营行为、营利能力和价值进行解读，并向投资者发布预测报告，从而提高市场的信息透明度，同时也对管理者的机会主义行为具有监督作用（Jensen and Meckling 1976，Yu 2008，Dyck et al. 2010，于忠泊等 2011）。前面的文献回顾表明，在我国资本市场上证券分析师可能表现出较强的监督效应而非业绩压力效应（陈钦源等 2017，余明桂等 2017），当企业基于盈余管理动机来削减研发支出时，证券分析师关注同样可能监督这一决策过程。我们预期，证券分析师关注能在一定程度上缓解这种代理冲突问题。当管理层意图利用研发支出削减来提升利润时，证券分析师关注会使管理层采取更谨慎的态度，尽可能地避免削减投资回报大的项目，以免证券分析师把这些信息传递给投资者，从而对企业价值产生重大的不利影响。另外，证券分析师通常具有丰富的行业知识，在行业内有广泛的人际网络关系和丰富的研究经历，因此，当管理层利用削减研发支出的方式来提高利润时，证券分析师有可能通过各种渠道提出一些专业的意见，帮助企业尽可能削减不必要或者低回报的研发项目，保留高价值的项目，从而降低研发支出削减对企业的创新产出和企业价值的负面影响。据此，本文提出假设3。

假设 3：证券分析师关注会减弱盈余管理动机下的研发支出削减对企业的创新产出和企业价值的负面影响。

三、研究设计

（一）数据来源和处理

我国于2007年开始实施新会计准则，规范了研发支出的会计处理和信息披露。为保证信息的可比性，本文将样本选择区间设定为2007~2015年所有沪市和深市A股上市公司，剔除金融类上市公司、专利数据不全的观测值和其他变量计算所需的财务数据不全的上市公司。进一步，由于本文的考察对象是研发支出削减的上市公司，按后面的式（2）和式（3）对异常研发支出进行计算后，只保留存在异常研发支出削减的观测值。实施这一系列限制后，当以创新产出为被解释变量时，得到一个包含1 253个观测值的样本；当以企业价值为被解释变量时，样本量为2 648。为了消除异常值的影响，本文对所有连续型变量进行Winsorize处理。研发费用的数据来自WIND数据库。技术独立董事的数据根据CSMAR数据库提供的高管个人资料信息整理得到，其他数据均来自CSMAR数据库。

1. 被解释变量

（1）创新产出（Counts）。在现有文献中，专利申请数由于其客观性和易获得性被普遍认为是直接有效地衡量创新产出的指标。由于从专利申请到专利授予存在一段时滞，专利申请是否成功还受到政策、法律法规和社会制度等外部因素的影响，使用专利申请数而不是专利授予数作为企业创新产出的衡量指标更能反映企业创新活动的结果。通常认为研发投入相对于专利产出具有三年左右的滞后效应（He and Tian 2013），因此，本文采用企业未来第三期的专利申请数衡量被解释变量。考虑到企业的资产规模对专利产出的影响，并且企业的市场价值和收入等易受到诸多因素干扰，因此借鉴Bereskin等（2018）、易寒冰（2018）和张晨等（2018）的研究，以专利申请数除以企业的总资产的商再乘以100 000作为创新产出的衡量指标。在稳健性检验中，我们也使用专利授权数加1的自然对数作为替代指标进行检验。创新产出（Counts）的计算公式如下：

$$\text{Counts}_{i,t+3} = \frac{\text{Patent}_{i,t+3}}{A_{i,t+3}} \times 100\,000 \tag{1}$$

其中，Patent为专利申请数；A为企业的总资产。

（2）企业价值（Tobin's Q）。资本市场的股价对企业研发活动的反应会更为迅速，因此，借鉴吴寿康（2007）和胡元木等（2016）的研究，选取未来一期的Tobin' s Q值来衡量企业价值。Tobin' s Q值等于企业的流通股市值、非流通股市值与负债账面价值之和除以期末总资产的账面价值，数据来源于CSMAR数据库。

2. 解释变量和调节变量

（1）异常研发支出削减（RDCut）。借鉴Gunny（2010）、Bereskin等（2018）的研究，异常研发支出削减的计算模型如下：

$$\frac{\text{RD}_{i,t}}{A_{i,t-1}} = \alpha_0 + \alpha_1 \frac{1}{A_{i,t-1}} + \alpha_2 \text{MV}_{i,t} + \alpha_3 Q_{i,t} + \alpha_4 \frac{\text{INT}_{i,t}}{A_{i,t-1}} + \alpha_5 \frac{\text{RD}_{i,t-1}}{A_{i,t-1}} + \varepsilon_{i,t}^{\text{R\&D}} \tag{2}$$

其中，RD为企业的研发费用；MV为企业市场价值的自然对数；Q为企业的Tobin' s Q值；INT为企业扣除折旧摊销前的营业利润。根据式（2）分行业、分年度进行回归估计出企业的正常研发支出（Normal_RD）。

式（2）估计出的残差（$\varepsilon_{i,t}^{\text{R\&D}}$）代表异常研发支出（Abnormal_RD）。当$\varepsilon_{i,t}^{\text{R\&D}}$为负值时，说明存在异常研发支出削减。由于本文只关注异常研发支出削减，只需要保留残差为负值的观测值。为了便于结果的解释，将异常研发支出削减（RDCut）定义为式（2）计算出来的Abnormal_RD乘以-1，这样RDCut越大，代表异常研发支出削减越多。异常研发支出削减（RDCut）定义如下：

$$\text{RDCut} = -1 \times \text{Abnormal\_RD} \tag{3}$$

（2）盈余管理动机（REM）。Burgstahler和Dichev（1997）、Roychowdhury（2006）、Gunny（2010）和Zang（2011）等的一系列研究都表明企业刚好达到或者略微超过“盈余阈值”时具有较强的盈余管理动机，因此，借鉴朱红军等（2016）和Bereskin等（2018）的研究，本文将“微利”和“微增”企业定义为具有盈余管理动机的企业，检验盈余管理动机下的研发支出削减是否会降低企业的创新产出和企业价值。设置虚拟变量REM衡量管理层的盈余管理动机，当企业的ΔROA大于或等于0且小于1%时为具有盈余管理动机时，对REM赋值为1，反之为0。REM为1时，RDCut为盈余管理动机下的研发支出削减；REM为0时，RDCut为非盈余管理动机下的研发支出削减。本文在后面的稳健性检验中，进一步调整REM的衡量方式进行检验。

（3）技术独立董事和证券分析师关注。本文将具有技术专长的独立董事定义为技术独立董事。借鉴胡元木等（2016）的研究，对技术独立董事中的“技术”定义为以下三类：①拥有在生产、研发和设计等技术性较强行业工作的职业背景的独立董事；②拥有在科研机构任职或者在协会从事技术性研究等学术背景的独立董事，但不包含具有财务背景的高校学者，因为财务领域的会计学者更关注于会计准则、会计原则的运用，而对技术类等专业领域的研发创新了解较少；③具有高级工程师、工程师等技术类职称的独立董事。独立董事如果满足以上任何一项，即为技术独立董事，TecInd取值为1，否则为0。借鉴吴锡皓和胡国柳（2015）的研究，定义证券分析师关注（Analyst）为某一年度跟踪该企业的证券分析师人数加上1之和的自然对数。在稳健性检验中，本文调整证券分析师关注的衡量方式进行检验。

3. 控制变量

考虑到其他诸多因素也可能影响企业的创新产出和企业价值，本文借鉴Gunny（2010）和朱红军等（2016）的研究，选取正常研发投入（Normal_RD）、成长能力（MtoB）、现金流比重（Cash）、公司规模（Size）、资产周转率（Asset_T）、净资产收益率（ROE）、资产负债率（Leverage）和股权集中度（H_10）等8个控制变量。在检验技术独立董事对盈余管理动机下的研发支出削减导致的负面影响的调节作用时，借鉴胡元木等（2016）的研究，本文还控制了独立董事比例（Idr）这个变量。所有的变量定义如表1所示。

表1　变量定义

变量类型	变量名称	变量符号	变量定义
被解释变量	创新产出	Counts	专利申请数除以总资产的商乘以 100 000
	企业价值	Tobin' s *Q*	企业的 Tobin' s *Q* 值
解释变量	异常研发支出削减	RDCut	根据式（2）和式（3）计算
	盈余管理动机	REM	当 ΔROA 大于或等于 0 且小于 1%时赋值为 1，反之为 0
调节变量	技术独立董事	TecInd	虚拟变量，如果有技术独立董事则为 1，反之为 0
	证券分析师关注	Analyst	证券分析师跟踪人数加 1 的自然对数
控制变量	正常研发投入	Normal_RD	根据式（2）估计的正常研发支出
	成长能力	MtoB	企业期末总市值与总资产的比值
	现金流	Cash	现金及现金等价物除以总资产
	公司规模	Size	企业总资产的对数
	资产周转率	Asset_T	营业收入除以总资产
	净资产收益率	ROE	本年净利润与所有者权益的比值
	资产负债率	Leverage	负债总额除以总资产
	股权集中度	H_10	前十大股东持股比例
	独立董事比例	Idr	独立董事人数/董事会人数

（二）模型构建

为了检验假设1，首先，按式（4）分有盈余管理动机和无盈余管理动机进行分组回归，以观察系数α_1在这两组的回归结果中有无显著差异；其次，在式（5）中加入RDCut 和REM的交乘项RDCutREM在整个样本中进行回归，以观察这个交乘项的系数是否显著。为了检验假设2和假设3，式（6）分别加入技术独立董事和证券分析师关注与研发支出削减的交乘项Tec_RDCut和Ana_RDCut，并同样对有盈余管理动机组和无盈余管理动机组分别进行回归，如果这两个交乘项的系数显著，则表示技术独立董事和证券分析师关注可以影响研发支出削减的经济后果。当被解释变量为Tobin' s *Q*时，也进行同样的回归。

$$\text{Counts}_{i,t+3} = \alpha_0 + \alpha_1\text{RDCut}_{i,t} + \sum\alpha_i\text{Controls}_{i,t} + \sum\text{Industry} + \sum\text{Year} + \varepsilon_{i,t} \tag{4}$$

$$\begin{aligned}\text{Counts}_{i,t+3} = {} & \beta_0 + \beta_1\text{RDCut}_{i,t} + \beta_2\text{REM}_{i,t} + \beta_3\text{RDCutREM}_{i,t} \\ & + \sum\beta_i\text{Controls} + \sum\text{Industry} + \sum\text{Year} + \varepsilon_{i,t}\end{aligned} \tag{5}$$

$$\begin{aligned}\text{Counts}_{i,t+3} = {} & \gamma_0 + \gamma_1\text{RDCut}_{i,t} + \gamma_2\text{TecInd}_{i,t}\left(\text{Analyst}_{i,t}\right) + \gamma_3\text{Tec\_RDCut}_{i,t}\left(\text{Ana\_RDCut}_{i,t}\right) \\ & + \sum\gamma_i\text{Controls} + \sum\text{Industry} + \sum\text{Year} + \varepsilon_{i,t}\end{aligned} \tag{6}$$

其中，Controls表示控制变量；Industry表示行业变量；Year表示年度变量。

四、实证结果与分析

（一）描述性统计结果

表2给出了主要变量的描述性统计结果。从表2可以看出，未来第三期的经标准化的创新产出（Counts）的均值为0.001，最大值为0.010，标准差为0.002，表明不同企业的创新产出差异比较大。估计的正常研发投入（Normal_RD）的平均值为0.023，而异常研发支出削减的均值为0.005，最大的异常研发支出削减达到0.023。正常研发投入与异常研发支出削减的描述性统计结果与朱红军等（2016）的研究结果大体一致。虚拟变量REM的均值为0.200，说明具有盈余管理动机的企业占20%左右。虚拟变量TecInd的均值为0.522，有50%以上的样本企业有技术独立董事，说明企业聘用技术独立董事比较普遍。证券分析师关注的均值为2.031，最大值为4.190。

表2　主要变量的描述性统计结果

变量	观测值	均值	标准差	中位数	最小值	最大值
Counts	1 253	0.001	0.002	0	0	0.010
RDCut	2 648	0.005	0.005	0.004	0	0.023
REM	2 648	0.200	0.400	0	0	1.000
Normal_RD	2 648	0.023	0.016	0.02	0.002	0.072
Size	2 648	21.870	1.248	21.660	19.900	25.400
MtoB	2 648	2.304	1.846	1.769	0.264	9.077
Cash	2 648	0.184	0.137	0.145	0.0190	0.592
Asset_T	2 648	0.657	0.401	0.562	0.142	2.086
Leverage	2 648	0.398	0.207	0.383	0.0510	0.838

续表

变量	观测值	均值	标准差	中位数	最小值	最大值
ROE	2 648	0.073	0.079	0.069	−0.200	0.270
Idr	2 648	0.372	0.0530	0.333	0.333	0.556
H_10	2 648	58.710	15.260	59.900	24.970	88.470
TecInd	2 648	0.522	0.500	1.000	0	1.000
Analyst	2 648	2.031	0.861	2.079	0.693	4.190

（二）研发支出削减对创新产出的影响

首先按式（4）分有盈余管理动机组和无盈余管理动机进行分组回归，然后按式（5）加入RDCut和REM的交乘项RDCutREM在整个样本中进行回归。回归结果分别列示在表3的第1~3列中。从第（1）列、第（2）列可以发现，在两组回归中，RDCut的系数都显著为负值，说明不管是否具有盈余管理动机，研发支出削减都会导致创新产出显著下降。但有盈余管理动机组的系数为−0.075 1，在0.01的水平上显著；无盈余管理动机组的系数为−0.019 5，在0.05的水平上显著，说明盈余管理动机下研发支出削减对创新产出的影响要大得多。从第（3）列来看，交乘项RDCutREM的系数为−0.034 2，在0.05的水平上显著，说明盈余管理动机下研发支出削减会导致更大程度的创新产出减少，支持假设1。

表3　研发支出削减对企业创新产出和企业价值的影响

变量	Counts		Counts	Tobin' s Q		Tobin' s Q
	（1） REM=1	（2） REM=0	（3）	（4） REM=1	（5） REM=0	（6）
RDCut	−0.075 1***	−0.019 5**	−0.019 7**	−43.550 0***	55.000 0***	39.340 0***
	（−3.04）	（−2.08）	（−2.21）	（−2.96）	（7.33）	（4.12）
REM			0.000 3**			0.419 0***
			（2.55）			（3.53）
RDCutREM			−0.034 2**			−62.590 0***
			（−2.02）			（−4.04）
Normal_RD	0.030 6***	0.017 6***	0.020 9***	9.230 0	−7.953 0**	1.644 0
	（3.04）	（5.56）	（6.85）	（1.41）	（−2.12）	（0.60）
MtoB	−0	−0.000 1***	−0.000 1***	0.811 0***	0.932 0***	0.899 0***
	（−0.48）	（−3.19）	（−3.33）	（13.26）	（26.21）	（31.41）
Cash	0.000 1	0.000 8**	0.000 6**	0.865 0	0.538 0	0.761 0**
	（0.09）	（2.49）	（2.16）	（1.43）	（1.45）	（2.44）
Size	−0.000 2	−0.000 3***	−0.000 2***	−0.317 0***	−0.397 0***	−0.388 0***
	（−1.36）	（−6.45）	（−6.67）	（−3.50）	（−7.96）	（−9.60）
Asset_T	0.001 0***	0	0.000 1	0.083 0	0.129 0	0.065 6
	（3.16）	（0.29）	（1.49）	（0.38）	（1.00）	（0.66）
Leverage	−0.000 4	0.000 4	0.000 2	−0.228 0	1.176 0***	0.964 0***
	（−0.49）	（1.35）	（0.76）	（−0.44）	（3.86）	（3.77）

续表

变量	Counts （1） REM=1	Counts （2） REM=0	Counts （3）	Tobin' s Q （4） REM=1	Tobin' s Q （5） REM=0	Tobin' s Q （6）
ROE	−0	0.000 5	0.000 2***	−0.920 0	−2.176 0***	−2.098 0***
	（−0.01）	（0.87）	（3.54）	（−0.68）	（−3.47）	（−3.94）
H_10	0	0	0	0.005 2	0.004 8	0.004 0
	（0.21）	（0.60）	（0.92）	（1.06）	（1.63）	（1.60）
截距项	0.003 9	0.006 0***	0.005 2***	8.349 0***	8.375 0***	8.379 0***
	（1.42）	（6.08）	（6.16）	（3.90）	（7.26）	（9.48）
Industry	控制	控制	控制	控制	控制	控制
Year	控制	控制	控制	控制	控制	控制
N	245	1 008	1 253	562	2 086	2 648
调整的 R^2	0.089	0.112	0.120	0.614	0.527	0.529

***、**分别表示显著性水平为 0.01、0.05

注：括号内为回归系数的 t 统计量

表3的第（4）列、第（5）列是以企业价值Tobin' s Q值作为被解释变量时，分有盈余管理动机组和无盈余管理动机组进行分组回归的结果。从第（4）列可以发现有盈余管理动机组的RDCut系数为−43.550 0，在0.01的水平上显著，说明盈余管理动机下研发支出削减会降低企业价值。在第（5）列中，无盈余管理动机组的RDCut的系数为55.000 0，在0.01的水平上显著，说明非盈余管理动机下研发支出削减不但不会降低企业价值，反而会促进企业价值增长，这一结果和前面创新产出的回归结果不一致。但实际上，Brav等（2018）的最新研究成果表明，企业如果减少的是非核心业务领域的创新活动，反而可能提升创新质量和企业价值的创造能力；熊焰韧等（2018）则认为过度创新会损害股东利益。因此，也有可能在非盈余管理动机下，企业虽然削减了研发支出，降低了创新数量，但降低的是不必要或者低价值的研发支出，反而提升了企业价值。总体上本文的实证结果支持假设1。

在控制变量方面，从表3的第（3）列可以发现正常的研发支出（Normal_RD）、现金流（Cash）和净资产收益率（ROE）对创新产出有显著的促进作用，这些都与以往研究的回归结果基本一致（朱红军等 2016，Bereskin et al. 2018）。

（三）盈余管理动机下技术独立董事和证券分析师关注的调节效应

1. 技术独立董事的调节效应

我们首先检验技术独立董事对盈余管理动机下研发支出削减的经济后果影响。表4的第（1）列、第（2）列报告了以创新产出（Counts）作为被解释变量在盈余管理动机组中按是否有技术独立董事的分组回归结果。当存在技术独立董事时研发支出削减RDCut的系数为−0.036 5，不显著；而不存在技术独立董事时研发支出削减RDCut的系数为−0.096 8，在0.05的水平上显著。这说明当公司有技术独立董事时，研发支出削减对创新产出的影响已经不显著，故我们在表3观察到的盈余管理动机组中研发支出削减对创新产出下降的影响可能主要来源于没有技术独立董事的公司，因而初步支持了假设2。表4的第（3）列报告了在盈余管理动机组中加入技术独立董事和研发支出削减的交乘项Tec_RDCut的回归结果，Tec_RDCut的系数为0.085 1，在0.01的水平上显著，进一步说明技术独立董事可以减轻盈余管理动机下研发支出削减导致的创新产出下降，支持假设2。

表4　技术独立董事对盈余管理动机下研发支出削减的经济后果的调节效应

变量	Counts（REM=1）		Counts（REM=1）（3）	Tobin's Q（REM=1）		Tobin's Q（REM=1）（6）
	（1）有技术独立董事	（2）无技术独立董事		（4）有技术独立董事	（5）无技术独立董事	
RDCut	−0.036 5	−0.096 8**	−0.067 7***	−4.445 0	−23.520 0**	−53.150 0***
	（−1.12）	（−2.38）	（−3.69）	（−0.13）	（−2.00）	（−2.84）
Tec_RDCut			0.085 1***			75.210 0***
			（2.83）			（2.86）
TecInd			−0.000 9***			4.523 0
			（−2.65）			（1.06）
Controls	控制	控制	控制	控制	控制	控制
Industry	控制	控制	控制	控制	控制	控制
Year	控制	控制	控制	控制	控制	控制
N	119	126	245	272	290	562
调整的 R^2	0.057	0.061	0.292	0.560	0.724	0.731

***、**分别表示显著性水平为0.01、0.05

注：括号内为回归系数的 t 统计量

表4的第4~6列报告了以企业价值Tobin's Q值作为被解释变量时技术独立董事对盈余管理动机下研发支出削减的经济后果的调节效应。表4的第（4）列、第（5）列显示存在技术独立董事时异常研发支出削减（RDCut）的系数为−4.445 0，不显著；而不存在技术独立董事时异常研发支出削减（RDCut）的系数为−23.520 0，在0.05的水平上显著。表4的第（6）列报告了技术独立董事和盈余管理动机下异常研发支出削减的交乘项Tec_RDCut的回归结果，Tec_RDCut的系数为75.210 0，在0.01的水平上显著，说明技术独立董事也可以减轻盈余管理动机下研发支出削减导致的企业价值下降的影响，同样支持假设2。

2. 证券分析师关注的调节效应

接下来，我们检验证券分析师关注对盈余管理动机下研发支出削减的经济后果影响。表5的第（1）~（3）列报告了以创新产出（Counts）作为被解释变量时的回归结果，其中第（1）列、第（2）列是按证券分析师关注度高于和低于中位数的分组回归结果，第（3）列是引入证券分析师关注和异常研发支出削减的交乘项Ana_RDCut的回归结果。当证券分析师关注度高于中位数时异常研发支出削减（RDCut）的系数是−0.055 7，不显著；而当证券分析师关注度低于中位数时异常研发支出削减（RDCut）的系数是−0.080 2，在0.05的水平上显著。这说明当证券分析师关注度高时，盈余管理动机下研发支出削减并不会显著地降低创新产出，这说明我们在表3中观察到的盈余管理动机下研发支出削减对创新产出的负面影响可能主要来源于证券分析师关注度比较低的公司，因而初步支持了假设3。表5的第（3）列中交乘项Ana_RDCut的系数为0.081 5，在0.05的水平上显著，说明证券分析师关注越多，盈余管理动机下研发支出削减导致的创新产出下降的程度越小，进一步支持了假设3。

表5 证券分析师关注对盈余管理动机下研发支出削减的经济后果的调节效应

变量	Counts（REM=1）		Counts（REM=1）	Tobin' s Q（REM=1）		Tobin' s Q（REM=1）
	（1）证券分析师关注度高于中位数	（2）证券分析师关注度低于中位数	（3）	（4）证券分析师关注度高于中位数	（5）证券分析师关注度低于中位数	（6）
RDCut	−0.055 7	−0.080 2**	−0.129 0***	−16.220 0	−34.890 0**	−42.880 0**
	（−1.57）	（−2.21）	（−3.01）	（−0.71）	（−2.27）	（−2.28）
Ana_RDCut			0.081 5**			23.400 0*
			（1.97）			（1.80）
Analyst			−0.000 1			−0.291 0***
			（−0.36）			（−2.98）
控制变量	控制	控制	控制	控制	控制	控制
Industry	控制	控制	控制	控制	控制	控制
Year	控制	控制	控制	控制	控制	控制
N	134	111	245	281	281	562
调整的 R^2	0.116	0.131	0.223	0.699	0.739	0.658

***、**、*分别表示显著性水平为 0.01、0.05、0.1

注：括号内为回归系数的 t 统计量

表5的第（4）~（6）列报告了以企业价值Tobin' s Q值作为被解释变量时的回归结果。在证券分析师关注度高的一组，RDCut的系数并不显著，而在证券分析师关注度低的那一组，RDCut为负显著。这说明证券分析师关注可以降低盈余管理动机下研发支出削减对企业价值的负面影响，而表3中观察到的盈余管理动机下研发支出削减对企业价值的负面影响可能也主要来源于证券分析师关注度较低的公司。表5的第（6）列报告了证券分析师关注和异常研发支出削减的交乘项Ana_RDCut的回归结果，Ana_RDCut的系数为23.400 0，在0.1的水平上显著，说明证券分析师关注可以减轻盈余管理动机下研发支出削减导致的企业价值下降，进一步支持了假设3。

此外，我们还对非盈余管理动机下技术独立董事和证券分析师关注对研发支出削减是否具有调节效应进行了检验。我们按式（6）进行回归，结果如表6所示，交乘项系数Tec_RDCut和Ana_RDCut的系数均不显著。这一结果表明技术独立董事和证券分析师关注对非盈余管理动机下研发支出削减的后果无显著的调节效应。这进一步反向支持了假设1，说明在非盈余管理动机下，由于不存在代理冲突，研发支出削减的负面影响不明显，相应的监督机制也就不会发挥作用，而这种监督机制的作用主要存在于盈余管理动机下的研发支出削减中。

表6 非盈余管理动机下内外部监督机制的调节效应

变量	Counts (REM=0)		Tobin's Q (REM=0)	
RDCut	−0.025 6**	−0.021 7**	39.100 0	8.903 0**
	(−2.05)	(−2.25)	(1.00)	(2.07)
Tec_RDCut	0.008 1		16.270 0	
	(0.96)		(0.41)	
Ana_RDCut		0.001 2		−3.860 0
		(0.47)		(−1.16)
Controls	控制	控制	控制	控制
Industry	控制	控制	控制	控制
Year	控制	控制	控制	控制
N	1 004	1 008	2 078	2 086
调整的 R^2	0.158	0.313	0.544	0.756

**表示显著性水平为 0.05

注：括号内为回归系数的 t 统计量

（四）稳健性测试

第一，参照Degeorge等（1999）、Roychowdhury（2006）和魏涛等（2007）的研究，本文对盈余管理动机的判断标准进行替换：用ROE替代ROA，即以上一年的ROE为比较基准，用当年的ROE与上一年的基准相比，增加值在0~0.01，则定义为有盈余管理动机，否则为无盈余管理动机。重复前面的检验，主要结果与前面一致。对于证券分析师关注，则分别采用跟踪上市公司的券商数量和发布研究报告数量来代替跟踪上市公司的证券分析师数量进行衡量，前述结果依然成立。

第二，专利授权需要经过权威的第三方决定，相比专利申请数量，专利授权数量可以更客观地衡量企业的创新产出。因此，借鉴楚有为（2018）的研究，以"专利授权数"替代"专利申请数"作为被解释变量衡量企业的创新产出，并重复前面的检验，回归分析结果依然支持前面的结论。另外，参照袁建国等（2015）的研究，用1加上专利申请数的自然对数作为被解释变量衡量企业的创新产出，重新进行检验，结果如表7所示，主要结果依然符合我们的预期。

表7 改变创新产出衡量方式的回归结果

变量	Counts		Counts
	REM=1	REM=0	
RDCut	−20.380 0***	−5.660 0**	−13.930 0**
	(−3.46)	(−2.38)	(−5.08)
REM			0.043 1
			(2.34)
RDCutREM			−5.790 0*
			(−1.82)
Controls	控制	控制	控制
Industry	控制	控制	控制
Year	控制	控制	控制
N	715	3 110	3 825
调整的 R^2	0.75	0.48	0.67

***、**、*分别表示显著性水平为 0.01、0.05、0.1

注：括号内为回归系数的 t 统计量

第三，前文中分别用盈余管理动机下研发支出削减与技术独立董事和证券分析师关注的交乘项以分组回归的方式检验假设2和假设3。为增加结果的可靠性，进一步分别设置技术独立董事、盈余管理动机和异常研发支出削减的三项交乘项（TecInd×REM×RDCut）与证券分析师关注、盈余管理动机和异常研发支出削减的三项交乘项（Analyst×REM×RDCut）来重新检验假设2和假设3。回归结果如表8所示，TecInd×REM×RDCut和Analyst×REM×RDCut的系数均显著为正值，依然支持假设2和假设3。

表8 三项交乘检验结果

变量	Counts		Tobin' s *Q*	
RDCut	0.027 3	0.013 8	35.420 0	7.770 0
	(1.39)	(0.88)	(1.52)	(1.50)
REM	0.001 9***	0.000 4	0.429 0	0.437 0**
	(2.79)	(1.27)	(1.19)	(2.45)
TecInd	0.000 6**		0.132 0	
	(2.40)		(0.71)	
Analyst		0.000 1		0.114 0**
		(1.48)		(2.02)
RDCut×REM	−0.152 0**	−0.105 0*	−125.800 0*	−85.950 0***
	(−2.08)	(−1.93)	(−1.86)	(−4.52)
RDCut×TecInd	−0.051 8**		−32.010 0	
	(−2.12)		(−1.35)	
RDCut×Analyst		−0.021 8***		−41.110 0***
		(−2.94)		(−6.94)
TecInd×REM	−0.001 6**		−0.347 0	
	(−2.30)		(−0.95)	
Analyst×REM		−0.000 1		−0.235 0**
		(−0.53)		(−2.02)
TecInd×REM×RDCut	0.128 0*		124.200 0*	
	(1.69)		(1.82)	
Analyst×REM×RDCut		0.051 7*		66.720 0***
		(1.65)		(3.14)
Controls	控制	控制	控制	控制
Industry	控制	控制	控制	控制
Year	控制	控制	控制	控制
N	1 253	1 253	2 648	2 648
调整的 R^2	0.123	0.143	0.742	0.559

***、**、*分别表示显著性水平为0.01、0.05、0.1

注：括号内为回归系数的 *t* 统计量

第四，借鉴胡元木等（2016）的研究，为了避免因控制变量衡量方式的不同而对研究结果产生不同的影响，本文用销售收入的自然对数（Size）替代总资产的自然对数（Asset）来衡量公司规模的大小；用流动比率（CL）替代资产负债率（Leverage）来衡量公司的偿债能力，将衡量营利能力的资产收益率（ROA）改为净资产收益率（ROE），重复前面的检验，结果依然支持本文的结论。

（五）内生性检验

本文考虑了遗漏变量和选择性偏差可能导致的内生性对结果的影响。在遗漏变量方面，本文重点检验了企业经营业绩因素的影响，采用分组回归来检验其可能的内生性影响。在选择性偏差方面，本文首先考虑异常研发支出为负值的样本选择条件可能导致的影响，将异常研发支出为正值的观测值也纳入研究样本，采用前面的回归方法重新检验；进一步，本文还考虑了有盈余管理动机和无盈余管理动机的公司可能存在不同的特征，从而影响本文研究结论，因此采用倾向性得分匹配（propensity score matching，PSM）方法进行了检验。

1. 基于公司业绩的分组检验

当企业经营业绩较差时，企业有更强烈的动机去迎合盈余目标，因此业绩较差的企业进行盈余管理的可能性更大；这类企业的企业价值在未来可能会更低，而并不一定是研发支出削减导致的企业价值下降。因此，本文所发现的盈余管理动机下研发支出削减会导致企业价值下降，可能是那些经营业绩较差的企业导致的，而与盈余管理动机下研发支出削减无关。为了消除这一内生性影响，借鉴朱红军等（2016）的研究，按企业削减研发支出的前三年平均ROA的高低进行分组检验，若其值高于0.01，属于业绩良好组，否则为业绩较差组。若存在内生性问题，在业绩较差组的企业RDCut与Tobin' s *Q*之间的负向关系应该更显著，在业绩良好组不应该出现RDCut与Tobin' s *Q*的负向显著关系。从表9的结果可以看出，业绩良好组的RDCut的系数是–58.740 0，在0.01的水平上显著；业绩较差组的RDCut的系数是–41.990 0，但不显著。因此，在一定程度上可以排除业绩变量的影响。

表9 经营业绩分组检验

变量	Tobin *Q*（REM=1）	
	业绩良好组	业绩较差组
RDCut	–58.740 0***	–41.990 0
	（–2.77）	（–0.53）
Controls	控制	控制
Industry	控制	控制
Year	控制	控制
N	476	86
调整的 R^2	0.540	0.884

***表示显著性水平为 0.01

注：括号内为回归系数的 *t* 统计量

2. 纳入异常研发支出削减为正值的观测值进行检验

本文只关注存在异常研发支出削减的样本，因而只保留了式（2）估计残差为负值的样本，可能存在样本选择偏差。为回应这一问题，我们将异常研发支出为正值的观测值也纳入研究样本，并将其异常研发支出削减值设定为0进行全样本检验，结果如表10所示，与前面的结果相符。

表10 纳入异常研发支出大于0的全样本检验结果

变量	Counts		Counts	Tobin's Q		Tobin's Q
	REM=1	REM=0		REM=1	REM=0	
RDCut	−0.035 2***	−0.015 1**	−0.037 9**	−38.590 0***	−12.260 0	−37.980 0***
	(−2.60)	(−2.41)	(−2.24)	(−7.32)	(−1.53)	(−6.01)
REM			0.000 2			0.175 0**
			(1.52)			(2.49)
RDCutREM			−0.027 6*			−28.220 0**
			(−1.70)			(−2.38)
Controls	控制	控制	控制	控制	控制	控制
Industry	控制	控制	控制	控制	控制	控制
Year	控制	控制	控制	控制	控制	控制
N	690	2 977	3 667	1 414	5 604	7 018
调整的 R^2	0.127	0.162	0.067	0.680	0.463	0.475

***、**、*分别表示显著性水平为 0.01、0.05、0.1

注：括号内为回归系数的 t 统计量

3. 倾向性得分匹配检验

有盈余管理动机企业和无盈余管理动机企业可能存在一些不同特征，从而可能影响我们的主要结论，为此，我们将样本分为两组：①处理组，即盈余管理动机下研发支出削减的企业；②控制组，即非盈余管理动机下研发支出削减的企业。我们使用逐步回归方法来确定PSM方法的模型，最后选取正常研发投入（Normal_RD）、资产周转率（Asset_T）、净资产收益率（ROE）、股权集中度（H_10）作为PSM方法的匹配变量，采用1∶1近邻匹配，然后进行处理效应检验，结果如表11所示。结果表明，被解释变量为创新产出（Counts）时t值为2.27，在0.05的水平上显著；被解释变量为企业价值（Tobin's Q）时t值为1.89，在0.1的水平上显著，说明盈余管理动机下和非盈余管理动机下研发支出削减的经济后果影响确实存在显著差异。

表11 不同动机对研发支出削减的经济后果影响

变量	样本	处理组	控制组	差异	标准误	t 值
Counts	匹配前	0.001 2	0.001 0	0.000 2	0.000 1	1.04
	平均处理效应	0.001 2	0.000 8	0.000 3	0.000 1	2.27**
Tobin's Q	匹配前	2.514 4	2.456 5	0.057 8	0.124 8	0.46
	平均处理效应	2.508 9	2.236 7	0.272 2	0.143 7	1.89*

**、*分别表示显著性水平为 0.05、0.1

五、结　论

本文检验盈余管理动机下和非盈余管理动机下研发支出削减对企业的创新产出和企业价值的差异化影响，以及作为内部监督机制的技术独立董事和外部监督机制的证券分析师关注对研发支出削减的经济后果的调节效应。结果表明，盈余管理动机下研发支出削减相比非盈余管理动机下研发支出削减会导致更严重的创新产出下降，而且会降低企业价值；非盈余管理动机下研发支出削减虽然也会降低创新产出，对企业价值却具有提升作用。这说明盈余管理动机下研发支出削减可能是一种机会主义行为，而非盈余管理动机下研发支出削减则更可能是一种正常的经营策略调整。本文进一步研究发现，技术独立董事和证券分析师关注能降低盈余管理动机下研发支出削减导致的负面影响，说明良好的监督机制能够减轻盈余管理动机下研发支出削减导致的不良经济后果。

本文的研究结果丰富了研发投资的经济后果的相关文献。以往的研究侧重于研发投入对企业的创新产出、经营业绩和企业价值的影响；本文则进一步发现在不同的动机下，这种影响可能存在差异。本文的研究结果也拓展了关于创新活动影响因素的相关文献，以往的研究注重于探索提升企业创新水平的机制，本文的研究则发现当研发支出削减是一种机会主义行为时，企业的内外部监督机制可以降低这种行为的负面影响，从而避免其损害企业的创新能力。

本文的研究结论同样具有一定的现实意义。本文的研究结果表明，首先，市场参与者在评判企业的研发投资决策的经济后果时，还需要考虑背后的动机，特别关注是否存在类似于盈余管理的机会主义动机；其次，还需要关注企业监督机制对创新活动的影响。这对于投资者更好地评估企业价值，监督管理层更好地促进企业创新和完善市场定价机制都有一定的启示。

参考文献

蔡庆丰，陈娇. 2011. 证券分析师缘何复述市场信息——基于市场反应的实证检验与治理探讨. 中国工业经济，（7）：140-149.

陈钦源，马黎珺，伊志宏. 2017. 分析师跟踪与企业创新绩效——中国的逻辑.南开管理评论，20（3）：15-27.

楚有为. 2018. 审计师行业专长对研发活动盈余管理的监督效应. 商业研究，（2）：89-97.

冯飞鹏. 2018. 产业政策、信贷配置与创新效率. 财经研究，（7）：142-153.

胡元木. 2012. 技术独立董事可以提高 R&D 产出效率吗?——来自中国证券市场的研究. 南开管理评论，15（2）：136-142.

胡元木，纪端. 2017. 董事技术专长、创新效率与企业绩效. 南开管理评论，20（3）：40-52.
胡元木，刘佩，纪端. 2016. 技术独立董事能有效抑制真实盈余管理吗?—— 基于可操控 R&D 费用视角. 会计研究，（3）：29-35，95.
刘峰. 2018. 独立董事的性质—— 一个分析性框架. 当代会计评论，11（1）：1-17.
李宏亮，谢建国. 2018. 融资约束与企业成本加成. 世界经济，41（11）：121-144.
李增福，郑友环，连玉君. 2011. 股权再融资、盈余管理与上市公司业绩滑坡—— 基于应计项目操控与真实活动操控方式下的研究. 中国管理科学，19（2）：49-56.
潘越，戴亦一，林超群. 2011. 信息不透明、分析师关注与个股暴跌风险. 金融研究，（9）：138-151.
魏涛，陆正飞，单宏伟. 2007. 非经常性损益盈余管理的动机、手段和作用研究—— 来自中国上市公司的经验证据. 管理世界，（1）：113-121，172.
吴寿康. 2007. 上市公司股权结构对企业价值的影响分析. 证券市场导报，（4）：56-61.
吴锡皓，胡国柳. 2015. 不确定性、会计稳健性与分析师盈余预测. 会计研究，（9）：27-34，96.
冼国明，明秀南. 2018. 海外并购与企业创新. 金融研究，（8）：155-171.
许莉萍，辛宇，陈工孟. 2006. 股权集中度和股权制衡及其对公司经营绩效的影响. 经济研究，（1）：90-100.
熊焰韧，黄志忠，张娟. 2018. 股权分散导致企业过度创新投资：成因及来自创业板民营上市公司的证据. 当代会计评论，11（1）：61-79.
杨亭亭，罗连化，许伯桐. 2018. 政府补贴的技术创新效应："量变" 还是 "质变"？中国软科学，（10）：52-61.
于忠泊，田高良，齐保垒，等. 2011. 媒体关注的公司治理机制——基于盈余管理视角的考察. 管理世界，（9）：127-140.
余明桂，钟慧洁，范蕊. 2017. 分析师关注与企业创新——来自中国资本市场的经验证据. 经济管理，39（3）：175-192.
袁春生，吴永明，韩洪灵. 2008. 职业经理人会关注他们的市场声誉吗—— 来自中国资本市场舞弊行为的经验透视. 中国工业经济，（7）：151-160.
袁建国，后青松，程晨. 2015. 企业政治资源的诅咒效应—— 基于政治关联与企业技术创新的考察. 管理世界，（1）：139-155.
易寒冰. 2018. 我国上市公司股权激励与研发支出关系研究.现代商业，（2）：148-149.
张晨，傅丽菡，郑宝红. 2018. 上市公司慈善捐赠动机：利他还是利己—— 基于中国上市公司盈余管理的经验证据. 审计与经济研究，33（2）：69-80.
周军. 2018. 社会网络视角下独立董事与企业创新绩效. 财经论丛，（4）：75-82.
朱红军，王迪，李挺. 2016. 真实盈余管理动机下的研发投资决策后果——基于创新和税收的分析视角. 南开管理评论，19（4）：36-48，86.
张玉娟，汤湘希. 2018. 股权结构、高管激励与企业创新—— 基于不同产权性质 A 股上市公司的数据. 山西财经大学学报，（9）：76-93.
Acs Z，Audretsch D. 2010. Patents as a measure of innovative activity. Kyklos，42（2）：171-180.
Adler P S，Ferdows K. 1990. The Chief-technology officer. California Management Review，（3）：55-62.
Baber W，Fairfield P，Haggard J A. 1991. The Effect of concern about reported income on discretionary spending decisions：the case of research and development. The Accounting Review，66（4）：818-829.
Bartov E，Givoly D，Hayn C. 2002. The Rewards to meeting or beating earnings expectations. Journal of Accounting and Economics，33（1）：173-204.
Bereskin F，Hsu P，Rotenberg W. 2018. The real effects of real earnings management：evidence from innovation. Contemporary Accounting Research，35（1）：525-557.

Bhojraj S, Hribar P, Picconi M, et al. 2009. Making sense of cents: an examination of firms that marginally miss or beat analyst forecasts. Journal of Finance, 64（5）: 2361-2388.

Brav A, Jiang W, Ma S, et al. 2018. How does hedge fund activism reshape corporate innovation? Journal of Financial Economics, Forthcoming.

Bruns W, Merchant K. 1990. The dangerous morality of managing earnings. Management Accounting, 71: 22-25.

Burgstahler D, Dichev I. 1997. Earnings management to avoid earnings decreases and losses. Journal of Accounting and Economics, 24（1）: 99-126.

Bushee B. 1998. The influence of institutional investors on myopic R&D investment behavior. Accounting Review, 73（3）: 305-333.

Chan L, Lakonishok J, Sougiannis T. 2001. The stock market valuation of research and development expenditures. Journal of Finance, 56（6）: 2431-2456.

Cohen D, Zarowin P. 2010. Accrual-based and real earnings management activities around seasoned equity offerings. Journal of Accounting and Economics, 50（1）: 2-19.

Dechow P, Skinner D. 2000. Earnings management: reconciling the views of accounting academics, practitioners, and regulators. Accounting Horizons, 14（2）: 235-250.

Degeorge F, Patel J, Zeckhauser R. 1999. Earnings management to exceed thresholds. Journal of Business, 720: 1-33.

Deng Z, Lev B, Narin F. 1999. Science and technology as predictors of stock performance. Financial Analysts Journal, 55（3）: 20-32.

Dyck A, Morse A, Zingales L. 2010. Who blows the whistle on corporate fraud? Journal of Finance, 65（6）: 2213-2253.

Eberhart A, Maxwell W, Siddique A. 2004. An examination of long term abnormal stock returns and operating performance following R&D increases. Journal of Finance, 59（2）: 623-650.

Graham J, Harvey C, Rajgopal S. 2005. The economic implications of corporate financial reporting. Journal of Accounting and Economics, 40: 3-73.

Griliches Z. 1990. Patent statistics as economic indicators: a survey. Journal of Economic Literature, 28（4）: 1661-1707.

Gu F. 2005. Innovation, future earnings, and market efficiency. Journal of Accounting, Auditing, and Finance, 20（4）: 385-418.

Gunny K. 2010. The relation between earnings management using real activities manipulation and future performance: evidence from meeting earnings benchmarks. Contemporary Accounting Research, 27（3）: 855-888.

He J, Tian X. 2013. The dark side of analyst coverage: the case of innovation. Journal of Financial Economics, 109（3）: 856-878.

Healy P, Myers S, Howe C. 2002. R&D accounting and the trade-off between relevance and objectivity. Journal of Accounting Research, 40（3）: 677-710.

Jensen M, Meckling W. 1976. Theory of the firm: managerial behavior, agency costs and ownership structure. Journal of Financial Economics, 3（4）: 305-360.

Kothari S, Laguerre T, Leone A. 2002. Capitalization versus expensing: evidence on the uncertainty of future earnings from capital expenditures versus R&D outlays. Review of Accounting Studies, 7（4）: 355-382.

Lanjouw J, Schankerman M. 2004. Patent quality and research productivity: measuring innovation with multiple indicators. Economic Journal, 114（4）: 441-465.

Lerner J. 1994. The importance of patent scope: an empirical analysis. RAND Journal of Economics, 25 (2) : 319-333.

Lev B, Sougiannis T. 1996. The capitalization, amortization, and value-relevance of R&D. Journal of Accounting & Economics, 21 (1) : 107-138.

Massis A, Frattini F, Lichtenthaler U. 2013. Research on technological innovation in family firms present debates and future directions. Family Business Review, 26 (1) : 10-31.

Osma B. 2008. Board independence and real earnings management: the case of R&D expenditure. Corporate Governance An International Review, 16 (2) : 116-131.

Pandit S, Wasley C, Zach T. 2011. The effect of R&D inputs and outputs on the relation between the uncertainty of future operating performance and R&D expenditures. Journal of Accounting, Auditing and Finance, 26 (1) : 121-144.

Pavitt K.1980.Technical innovation and british economic performance. Macmillan, 11 (2) : 93-95.

Roychowdhury S. 2006. Earnings management through real activities manipulation. Journal of Accounting and Economics, 42 (3) : 335-370.

Yu F. 2008. Analyst coverage and earnings management. Journal of Financial Economics, 88 (2) : 245-271.

Zang A.2011. Evidence on the trade-off between real activities manipulation and accrual-based earnings management. The Accounting Review, 87 (2) : 675-703.

The Motives of Earnings Management and Consequences of R&D Investment Reduction Under Internal and External Governance Mechanisms

Fangfei Ding and Jinyang Xiao

Business School of Hunan University, Changsha, Hunan, China 410012

Abstract: This paper examines the differential economic consequences of R&D investment reduction with and without earnings management motives and whether the number of technical independent directors on the board and security analyst coverage, as the measures of internal and external governance mechanisms, respectively, can reduce the negative impact of R&D investment reduction. Our results show that R&D investment reduction with earnings management motive will lead to significant decline in innovation outputsand thus reduce firm value, whereas R&D investment reduction without earnings management motive will in fact increase firm value. The number of technical independent directors on the board and security analyst coverage will significantly mitigate the negative impact of R&D investment reduction with earnings management motive. Our results suggest that R&D investment reduction without earnings management motive may be considered as usual adjustment arising from business strategies and R&D investment reduction with earnings management motive may be attributed to opportunistic behavior, which hampers a firm's ability to innovate and thereby reduces its value. Nevertheless, effective internal and external governance mechanisms can reduce the negative impact of the opportunistic behavior.

Keywords: earnings management incentives; R&D investment reduction; technical independent directors; security analyst coverage.

当代会计评论 Contemporary Accounting Review
第12卷第3辑 Vol.12 No.3
2019年 2019

上市公司网络舆情应对的经济后果研究——以华谊兄弟为例*

黄宏斌[1] 郝程伟[2]
（1. 天津财经大学会计学院，天津 300222；2. 天津财经大学珠江学院，天津 300222）

【摘要】 本文以华谊兄弟传媒股份有限公司（以下简称华谊兄弟）网络舆情事件为例，研究上市公司网络舆情应对的经济后果，通过剖析华谊兄弟的股价走势及市场绩效变动，并对比浙江唐德影视股份有限公司（以下简称唐德影视）、慈文传媒集团（以下简称慈文传媒）针对网络舆情未采取任何应对措施后的股价波动，发现上市公司针对网络舆情采取的措施均能起到一定的作用。在应对措施中最为有效的是"增持股份"、"积极经营"和"股权激励计划"等实质性硬措施，这些措施更能带来股价的回升，引发股价反转及超额收益和累计超额收益的增加。同时，应对措施采取的时机不同产生的效果也不同，网络舆情稳定期的应对效果要明显优于爆发期。因此，上市公司应结合网络舆情的发展阶段采取不同的应对措施引导网络舆情的发展方向，以期达到良好的应对效果，降低对公司声誉的消极影响。

【关键词】 网络舆情 经济后果 华谊兄弟

一、引　言

信息技术的发展催生了自媒体时代和大数据时代的到来，互联网已成为社会经济发展必不可少的一个媒介，许多热点问题都会在网络上蔓延并不断发酵。自媒体平台赋予了所有网民平等性，任何人都可以在自媒体平台上发布信息，并通过转发、评论、点赞

* 黄宏斌，副教授，E-mail：olivehhb@126.com；郝程伟，硕士，E-mail：18722337512@163.com。本文受到国家自然科学基金面上项目"上市公司自媒体信息披露及互动的影响因素及经济后果：基于微博、微信的研究"（71872121）、天津财经大学优秀青年学者资助计划"投资者情绪、企业融资行为及其经济后果研究"（YQ1507）的资助。

等形式与社会各界人士进行沟通交流。社交媒体的匿名性使得网民在网络上“畅所欲言”，加之自媒体平台的蝴蝶效应，时常使得并不起眼的问题成为热点话题，甚至产生巨大的网络效应。网络舆情从潜伏到爆发，均会对上市公司带来或大或小的影响，如果处理不当会使上市公司的声誉受损，股价大幅下跌，甚至跌停，最终影响中小股东和广大投资者信心，阻碍公司的发展。面对网络舆情，上市公司普遍以沉默应对，但有些上市公司会采取一定的积极应对措施，如发布澄清公告、针对恶意造谣者发布律师声明、临时停牌等，但从短期来看，这些措施并不能控制网络舆情的扩散，收效甚微。那么，当网络舆情爆发时，上市公司应当如何应对？何种措施能使网络舆情的影响降至最低？现有研究鲜有涉及。

2018年5月，国内影视娱乐行业陷入“阴阳合同”“偷税漏税”的网络舆情中，华谊兄弟作为国内影视娱乐行业的领头羊也被卷入网络舆情的漩涡，针对网络舆情，华谊兄弟采取了一系列应对措施。本文从华谊兄弟的网络舆情事件入手，分析其面对网络舆情的各种应对措施，以及采取各种措施应对后所产生的经济后果，以判断每一种措施的应对效果，针对其应对网络舆情存在的问题提出建议，为以后上市公司应对网络舆情提供参考与借鉴，以增强中小股东和投资者的信心，促进上市公司的良性发展。

本文在以下几个方面进行了有益的探讨：第一，网络舆情是信息化发展的必然产物，上市公司在面对网络舆情时应如何应对？应该采取哪些积极的应对措施，现有文献鲜有涉及。事实上，即便收效甚微，应对措施也会产生一定的有利效果，本文选取典型案例进行了梳理和证明。第二，上市公司在采取应对措施时，大体可划分为具有实际意义的“实质性硬措施”及只通过语言澄清的“非实质性软措施”，这两种措施是否均有效？如何配合进行才更加有效？在网络舆情潜伏期、爆发期和稳定期等不同阶段，如何综合使用各种应对措施才能达到最佳效果？现有文献多从政府及自媒体监管的角度分析网络舆情并提出应对措施，并且多为对新闻层面公众事件网络舆情的应对研究，鲜有结合具体上市公司进行的深入分析。随着自媒体的发展，有许多上市公司受到网络舆情的影响。本文以具体的案例公司作为切入点，分析其网络舆情应对措施的效果，在一定程度上丰富了上市公司层面网络舆情应对的文献。研究发现：华谊兄弟的网络舆情应对措施能够产生一定的即时效果；网络舆情的应对效果会因采取措施的种类不同和时机不同而有所差异。本文在针对华谊兄弟网络舆情应对存在的不足提出建议的同时，也为其他上市公司的网络舆情应对提供借鉴经验。

二、文献与理论综述

（一）相关文献

1. 自媒体

对于自媒体的含义，国内外学者都提出了类似观点。国外学者Gillmor（2006）提出，自媒体是以新兴媒体作为载体的个人媒体的总称，Chen等（2011）认为，自媒体是个人发表对金融证券分析结果的热门场所。国内学者相德宝（2015）和陈媛（2017）认为，区别于传统的媒体，自媒体的核心在于普通大众可以参与到内容的生产制作中，受众不仅仅是信息的接收者，还是新闻内容的制作者及参与者。周伟（2018）认为，相对于传统媒体，自媒体将社会带入了“大众麦克风”时代，凡是拥有手机、电脑等设备的人都可以成为信息的发布者及传播者，自媒体打破了传统媒体在信息发布和传播上的“领导地位”，转变成一种“去领导化”的传播方式，是一种个人形式而不是组织形式的自我传播。王中桥（2013）认为，个人依托于网络利用自媒体向社会传播信息，自媒体使得每个人都可以成为信息的创造者和传播者，大众在网络上畅所欲言，自媒体平台推动良莠不齐、真实度低的信息裂变式传播，极易引发非理性的舆论风暴。正因为自媒体的这些特征，其发展对网络舆情的传播及管理应对都产生了巨大影响。因此，刘小三（2017）提出，自媒体环境为网络舆情的管理带来了挑战，舆情发展呈现多元化和错综复杂的局面，增加了舆情管理的难度。陈璟浩和李纲（2015）认为，自媒体平台对网络事件的过度报道会产生一些负面效应，其中不乏不良媒体为了吸引大众眼球“添油加醋”歪曲事实，由此就产生了谣言，同时给事件的处理也造成了巨大的压力。曹劲松（2010）等发现，网络舆情的传播具有病毒式传播、网友发布情绪倾向性等特点，在上市公司出现负面舆论时，有些自媒体会为了热度而不去考证这些舆论的真实性，为了获取经济利益对舆论进行转载传播（贾明等 2018）。更严重的是，有些自媒体为了迎合公众的求知欲，制造、传播偏离事实的新闻信息。同时，商业化加剧了自媒体之间的竞争，为了热度和浏览量，一些媒体会进行有偏报道，以迎合受众对企业新闻的预期。在这种情况下，社交媒体对于舆情事件的评论将呈现两极化，缺少适度客观的评价（Chamberlain 2017）。

2. 网络舆情

网络舆情是网民在互联网上对社会问题持不同看法的网络舆论。上市公司的网络舆情，即网民在网络上对其产品、服务、社会责任、发展状况等事件引发的热点话题的认知、态度、意见的总和。本文将网络舆情界定为负面舆情，且其会为上市公司带来许多负面影响。Davies和Canes（1987）对《华尔街日报》的“小道消息”进行分析，发现传言会对上市公司的股价产生巨大冲击，股价异动明显，且积极信息会带来明显的正异常收益率，消极信息则恰好相反。赵静梅等（2010）研究认为，纯粹的谣言会对股价造成显著的异常冲击，简单的澄清公告及辟谣行为都不能快速、完全地恢复股价。并且，自媒体环境对网络舆情的疯狂散播产生了推波助澜的作用，在一定程度上会放大网络舆情对股价的消极影响。田高良等（2018）提出，舆情危机会致使上市公司在投资者心目中的形象大打折扣，严重时甚至会造成当年股价的崩盘，并且自媒体对于舆情信息的转载会大幅度提升股价崩盘的可能性。张栋凯和齐佳音（2015）也得到类似结论，指出企业的突发危机事件产生的群体舆情影响力会对该企业的股价产生负向冲击，负面舆情发展到高潮时负面冲击幅度最大，随着舆情减退，负面冲击的幅度也会随之减小。聂二保（2019）从企业的信用水平出发，认为在自媒体环境下负面舆情事件更加容易成为被追逐的热点，会对企业的信用水平产生巨大的消极影响。

现有文献对网络舆情的应对及其作用进行了少量研究。例如，王兰成和陈立富（2018）对网络舆情应对的时机做出了研究，认为网络舆情的应对应当贯穿网络舆情演化的整个过程，包含网络舆情的防范、检测和研判。Cikurel等（2015）也对应对措施的时点提出了自己的看法，认为企业若在网络舆情事件被媒体曝光之前采取应对措施则会产生消极的后果，同时，他也提出在采取应对措施的同时应对网络舆情信息做出针对性的回应。王康和李含伟（2018）认为，企业应及时主动地对网络舆情的发展进行干预，越早进行干预，舆情变动的指数就会越小，对企业的影响也就越小。Cade（2018）对如何应对网络舆情提出了自己的看法，他认为，相对于不回应舆情，企业直接处理舆论或者将投资者的注意力转移到企业披露信息的亮点上效果更好，企业应该采取措施利用自媒体与投资者进行沟通而不是选择放弃。霍明奎等（2019）认为，应对网络舆情应剖析自媒体用户之间的舆情信息传递形成的链条式依存关系，以精准地掌握舆情控制的目标。吴璇等（2017）也提出类似的应对方法，高强度的网络舆情管理可以提升股票的流动性，同时提升股价特质性波动、降低股价同步性，在一定程度上缓解信息不对称，为资本市场参与者提供增量信息。黎红友和陈宇（2016）则从大数据的角度提出网络舆情的应对方法，他们认为运用大数据社会网络分析方法，透视在自媒体大环境下网络舆情的生成机制及传播规律，全面把握网络舆情的传播特点，预先判断其发展趋势，能提高应对效能，并提出建立网络舆情分析技术平台的建议，指出应充分发挥网络“意见领袖”的作用，以有效应对日益复杂的网络舆情。孔淑华和罗佳（2019）也提出，对网络舆情的治理应该秉承大数据的理念，运用大数据的思维和技术开展网络舆情治理工作。吴旭红（2017）则认为，政府、上市公司要转变网络舆情应对理念，形成网络化的治理模式。王立峰和韩建力（2019）建议将网络舆情的治理纳入国家的治理体系之内，运用体制化的力量应对网络舆情的治理风险。孔建华（2018）提出，对网络舆情的治理应该综合考虑新媒体的传播模式，从危机预防及危机处理的两个方面有效提升网络舆情的应对水平。薛忠义和黄佳楠（2019）提出，应对网络舆论就要提高网络舆论的引导水平，提高信息公开程度。史青春和徐露莹（2014）则从媒体角度提出了相关建议，提出网络媒体应加强自律，对少数网络媒体一味追求点击率而不负责任的报道应予以公开谴责乃至处罚，追究情节恶劣、造成严重后果的网络媒体的法律责任。对于网络舆情应对的效果，梅妍霜等（2019）提出，科学合理地利用媒体间的协同作用可以高效地控制及引导网络舆情的传播方向。邓翔（2015）则提出，舆情事件出现时，公开回应的效果受到信息的表达方式、信息呈现的情境及市场参与者对信息的认知水平等因素的影响，由此就造成公开回应处理的效果是有限的。田高良等（2018）认为，对网络舆情的重视和应对会提高资本市场的信息效率，进而降低企业股价崩盘的风险及股价的同步性。霍明奎等（2019）也提出舆情事件发生后的澄清公告和后续措施在一定程度上可以遏制股价下跌的趋势，应对措施可以淡化社会大众对企业舆论事件的关注度，并且单个措施的应对效果不明显时可以综合采用多种措施以增强应对效果。

（二）理论基础

1. 有效市场理论

Fama（1965）认为，有效市场（efficient market）是一个拥有许多理性的、追求利益最大化的投资者的市场，任何一个人都会尝试预测单个股票的未来市场价格。随后，Fama（1970）在此基础上进行了完善，正式提出有效市场假说：在有效市场中，所有能获得的信息都可以在股价上得到反映。陈奇斌（2014）认为，有效市场理论尝试说明市场对任何一种资产的定价都反映出该资产的真实价值。有效市场理论是上市公司舆情管理和舆情应对产生效果的理论基础。

2. 信息信号传递理论

Ross（1979）解释了管理层的信息披露行为，管理者为了提高自身报酬，会因利好消息能提高企业市场价值这一特点主动披露企业的利好消息。拥有利好消息的企业可通过聘请外部注册会计师为自己的利好消息进行鉴证，为自己提供担保，将自身与差企业区分开来。但是，具有坏信息的企业无力承担市场信号显示的高额成本，从而没办法提供担保。因此，无论是拥有利好消息的企业还是拥有坏消息的企业，都愿意进行信息披露，以便和更差的企业区分开来。信息信号传递理论是上市公司愿意进行网络舆情应对的理论基础。

（三）自媒体影响企业的网络舆情的机理分析

网民借助自媒体社交软件发表对网络舆情事件的看法，对舆情事件进行评论及转载，自媒体的“裂变式”扩散效应可以迅速扩大网络舆情的影响面。但是，由于网民的知识水平和专业素质参差不齐，其针对网络舆情事件发表的看法和评论不能做到客观、公正，会对舆情事件的消极发展起到推波助澜的作用。加之自媒体商业化竞争激烈，个别自媒体为了吸引大众眼球、赚取浏览量，会不审核舆情信息的真实性就对其进行报道，造成网络舆情病毒式传播扩散，加剧了网络舆情的控制难度。同时，企业通过自媒体平台发布应对措施的相关信息，使投资者能够通过自媒体及时获取信息并做出反应，从而降低网络舆情对企业的消极影响。

本文整理了自媒体对企业网络舆情的影响路径，如图1所示。

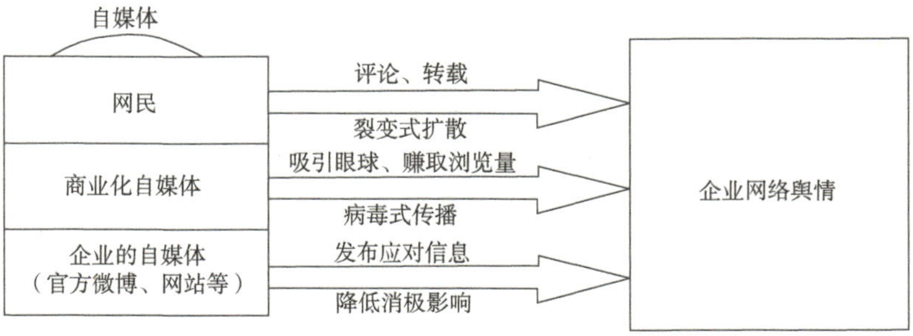

图1　自媒体对企业网络舆情的影响路径

（四）文献述评

现有文献对自媒体的含义、特点及对网络舆情的影响进行了研究，学者普遍认为，只要拥有网络和平台，人人都可以成为自媒体，并且具有及时性，因此，自媒体对网络舆情的发展起到了推波助澜的作用。相较于传统媒体，网络舆情最直观的表现在于：信息传播的碎片化、舆情表现的直接化和信息流通的变异化。对于网络舆情的研究，现有学者一致认为其会对企业的发展带来消极影响，如股价的下跌、市值的下降等，但上市公司在网络舆情爆发后应该如何应对？现有文献却鲜有涉及。因为上市公司开展网络舆情管理能够更好地向投资者传递信息，降低信息不对称，减轻网络舆情对企业的消极影响，进而保护中小投资者，网络舆情的应对应该是上市公司、监管层和投资者共同关注的话题。另外，网络舆情的管理还需加强对自媒体的管控，从根源上遏制网络舆情的产生和扩散。本文以具体的典型案例，对上市公司网络舆情的应对措施、应对方式和应对效果进行剖析，丰富现有网络舆情应对的文献。

三、案 例 分 析

（一）华谊兄弟基本情况

华谊兄弟是一家综合性的影视娱乐集团，2009年9月27日通过中国证券监督管理委员会（以下简称证监会）创业板市场发行审核委员会审核，随后成功上市。这也代表着华谊兄弟成为国内首家被允许公开发行股票的娱乐公司。同时，华谊兄弟因良好的经营发展而被视为国内影视娱乐行业的领头羊。

本文所研究的华谊兄弟网络舆情事件与其大股东股权质押有着密不可分的关系，因此，本文根据华谊兄弟的季度报告，统计了华谊兄弟前十大股东排名及股权质押情况，具体如表1所示。由表1可见，华谊兄弟两位大股东王忠军和王忠磊股权质押的数量是非常庞大的。

表1　华谊兄弟前十大股东及股权质押情况

排名	股东名称	股东性质	持股比例	报告期末持股数量/股	报告期末股权质押数量/股
1	王忠军	境内自然人	20.69%	578 234 062	543 529 997
2	深圳市腾讯计算机系统有限公司	境内非国有法人	7.88%	220 363 501	
3	王忠磊	境内自然人	6.01%	167 929 969	167 919 989
4	杭州阿里创业投资有限公司	境内非国有法人	4.44%	123 959 344	
5	马云	境内自然人	3.57%	99 782 788	

续表

排名	股东名称	股东性质	持股比例	报告期末持股数量/股	报告期末股权质押数量/股
6	上海豫园旅游商城股份有限公司	境内非国有法人	2.85%	79 557 492	
7	中国工商银行股份有限公司—易方达创业板交易型开放式指数证券投资基金	其他	1.27%	35 387 019	
8	中国建设银行股份有限公司—华安创业板50交易型开放式指数证券投资基金	其他	1.08%	30 226 836	
9	鲁伟鼎	境内自然人	1.00%	27 988 328	
10	中国平安人寿保险股份有限公司—传统—普通保险产品	其他	0.98%	27 486 010	

资料来源：华谊兄弟2018年年度报告

（二）华谊兄弟网络舆情事件简介

2018年5月28日，国内影视行业陷入“阴阳合同”“偷税漏税”的网络舆情中，关于华谊兄弟“偷税漏税”“朝阳税务局进驻华谊兄弟审查公司”的负面舆论甚嚣尘上，网民大量发表、转载“华谊兄弟疑似偷税漏税”的相关评论。为了更加直观地感受网络舆情的情况，本文整理出2018年5月至6月关于“阴阳合同”的搜索指数①趋势图，具体如图2所示。

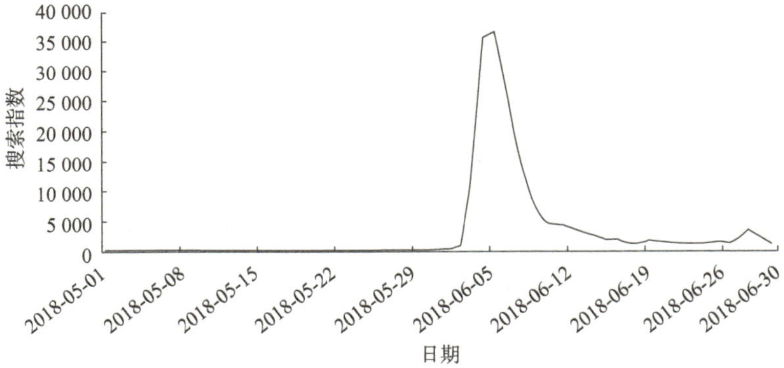

图2　2018年5月至6月关于“阴阳合同”的搜索指数

资料来源：百度指数

根据图2，“阴阳合同”的搜索指数在2018年5月29日之前一直处于平稳的状态，在5月29日之后“阴阳合同”的搜索指数直线上升，在6月5日搜索指数达到最高，为36 647。随后“阴阳合同”的搜索指数有所下降，但是也明显高于5月上旬和中旬。“阴阳合同”的搜索指数整体日均值为3 484，同比增长1 006%，环比增长1 033%。同时，“阴阳合同”

① 搜索指数以网民在百度网页的搜索量为数据基础，以关键词为统计对象，科学分析并计算出各个关键词在百度网页搜索中搜索频次的加权平均数。

的资讯指数[①]在6月6日达到6 289 694，从这些数值的变化可以看出，“阴阳合同”引发网络热议，网络舆论层出不穷。

在此敏感时期，华谊兄弟于2018年6月6日发布《关于股东部分股份质押及解押的公告》，公告称，截至公告日，王忠军共持有公司股份612 229 855股，占截至2018年3月31日公司总股本的22.07%。王忠军持有的公司股份累计被质押523 130 000股，占截至2018年3月31日公司总股本的18.85%；王忠磊共持有公司股份171 681 986股，占截至2018年3月31日公司总股本的6.19%。王忠磊持有的公司股份累计被质押147 099 999股，占截至2018年3月31日公司总股本的5.30%[②]。华谊兄弟两位控股股东大规模股权质押将华谊兄弟的网络舆情推至爆发期，华谊兄弟股价遭遇滑铁卢，一度跌停，2018年6月以来累计下跌逾两成，创下2012~2018年股价新低，具体如图3所示。

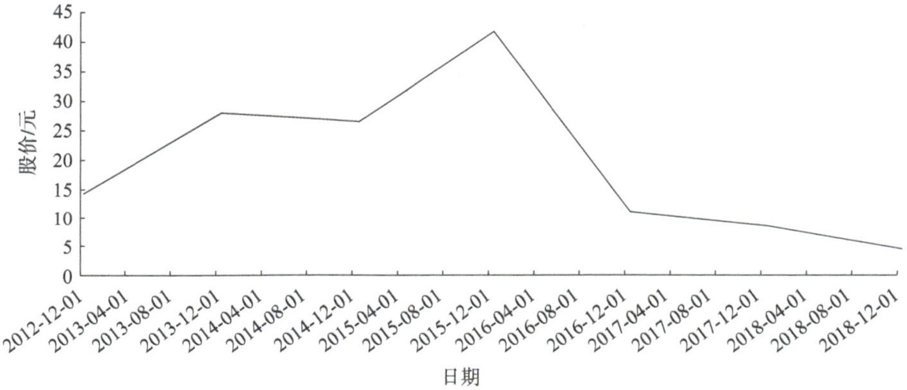

图3　华谊兄弟2012~2018年股价变动趋势图

资料来源：RESSET 金融研究数据库，经笔者整理

在该次网络舆情中处于被动地位的华谊兄弟并没有选择沉默，而是针对网络舆情采取了一系列应对措施。2018年6月11日，华谊兄弟发布澄清公告，宣称股权质押不等同于抛售股票，也不代表大股东不看好华谊兄弟的未来，并且这一举动不会影响到华谊兄弟的正常经营。2018年6月12日，华谊兄弟推出第二期股权激励计划，计划授予激励对象3 000万股股票，大约占华谊兄弟总股份的1.08%；6月14日，华谊兄弟发布公告称其将启动法律程序，追究在自媒体平台上传播谣言的网络用户的法律责任；6月15日，华谊兄弟发布了“H计划”第六季20部新片单，展示了华谊兄弟对企业未来发展的信心；6月18日，华谊兄弟发布关于公司实际控制人计划增持公司股份的公告，其对外宣称华谊兄弟的实际控股人之一王忠军计划在6月19日起的12个月内，也就是2018年6月19日至2019年6月18日，通过深圳证券交易所的交易系统以自筹资金的方式增持不少于1亿元的公司股票，并许诺在增持股份期间及增持完成后的6个月之内不转让其所持有的公司股份；7月20日，华谊兄弟实际控制人之一的王忠军通过“西藏信托—盛景18号单一资金信托”增持公司股份3 103 944股，增持金额大约为1.99亿元；华谊兄弟将业务布局到实景娱乐，斥重金

① 资讯指数：以百度智能分发和推荐内容数据为基础，将网民的阅读、评论、转发、点赞、不喜欢等行为的数量加权求和得出资讯指数。

② 资料来源：2018 年 6 月 25 日的金融界网站。

在全国各地打造不同风格的影视小镇，苏州、长沙影视小镇分别在2018年7月、9月正式开业，华谊兄弟打造产业循环链条，实景娱乐将成为华谊兄弟收入的支柱。

本文将华谊兄弟网络舆情事件整理成时间轴以更加清楚直观地了解该网络舆情事件的发展要点，具体如图4所示。

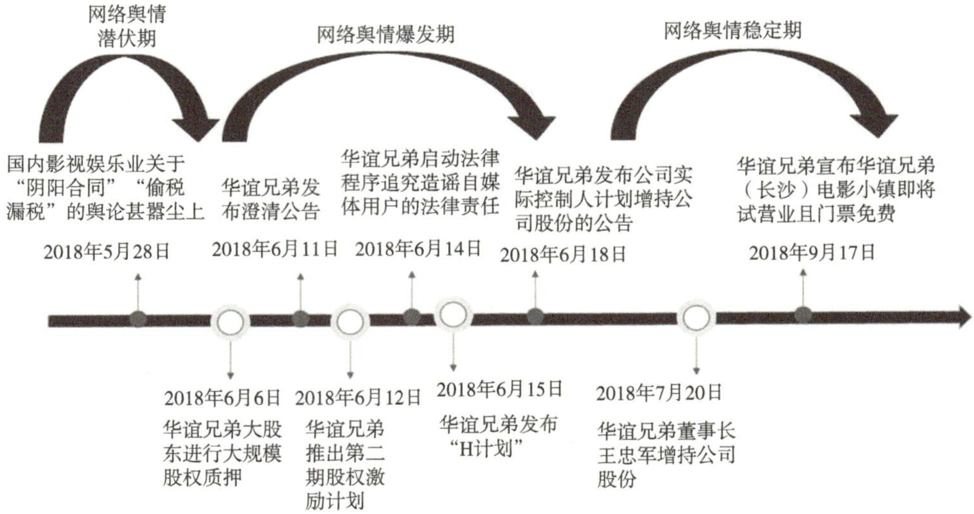

图4 华谊兄弟网络舆情事件时间轴

本文将华谊兄弟采取的网络舆情应对措施单独整理成表格，并对其所处阶段及措施的类型进行整理，具体如表2所示。

表2 华谊兄弟网络舆情应对措施时间表

时间	应对措施	应对措施所处阶段	应对措施类型
2018 年 6 月 11 日	华谊兄弟发布澄清公告，宣称股权质押不等同于抛售股票；同日，董事长王忠军在致股东信中提出，他和王忠磊从未减持公司股份	网络舆情爆发期	非实质性软措施
2018 年 6 月 12 日	华谊兄弟推出第二期股权激励计划		实质性硬措施
2018 年 6 月 14 日	华谊兄弟发布公告称其将启动法律程序追究在自媒体平台上造谣的网络用户的法律责任		非实质性软措施
2018 年 6 月 15 日	华谊兄弟发布了“H 计划”		实质性硬措施
2018 年 6 月 18 日	华谊兄弟发布关于公司实际控制人计划增持公司股份的公告称：董事长王忠军将会增持股份		实质性硬措施
2018 年 7 月 20 日	华谊兄弟董事长王忠军增持公司股份 3 103 944 股	网络舆情稳定期	实质性硬措施
2018 年 9 月 17 日	华谊兄弟宣布华谊兄弟（长沙）电影小镇即将试营业且门票免费		实质性硬措施

华谊兄弟采取的实质性硬措施在后期也切实实行，对于股权激励计划，华谊兄弟在2018年6月12日推出第二期股权激励计划，在6月22日发布了《华谊兄弟传媒股份有限公

司监事会关于公司第二期限制性股票激励计划激励对象人员名单的审核意见及公示情况说明》，在7月17日发布关于向第二期限制性股票激励计划激励对象首次授予限制性股票的公告，在8月22日完成了第二期限制性股票激励计划的首次授予登记。华谊兄弟于2018年6月15日正式发布“H计划”，其后华谊兄弟对“H计划”片单上的影片进行了投资、制作及宣传，对于暑期档、国庆档等重要时间节点的影片也进行了战略部署，以求取得不错的票房、口碑成绩。对于影视实景小镇，2018年7月23日华谊兄弟电影世界（苏州）开业，国庆假期期间游客人数不断攀升；9月29日，华谊兄弟（长沙）电影小镇门票免费试营业，试营业期间接待了超10万余人次的游客。

本文将2018年5月划分为网络舆情的潜伏期，将6月中上旬划分为网络舆情的爆发期，将6月下旬至9月划分为网络舆情的稳定期。通过表2可以看出，华谊兄弟应对网络舆情的措施主要分为两类：一类是实质性硬措施，主要包括股权激励计划、经营投资决策；另一类是非实质性软措施，包含发布澄清公告、启动法律程序追究网络舆论造谣者等。

（三）华谊兄弟网络舆情应对经济后果分析

华谊兄弟网络舆情事件的发生迅速引发了资本市场的反应，本文从华谊兄弟采取应对网络舆情措施后的股价变动及市场绩效两个方面分析网络舆情应对的经济后果。

1. 股价变动分析

本文整理了自华谊兄弟陷入网络舆情后及采取应对措施后（2018年5~9月）的日股票价格变动，具体观察分析华谊兄弟网络舆情应对措施的应对效果，如图5所示。

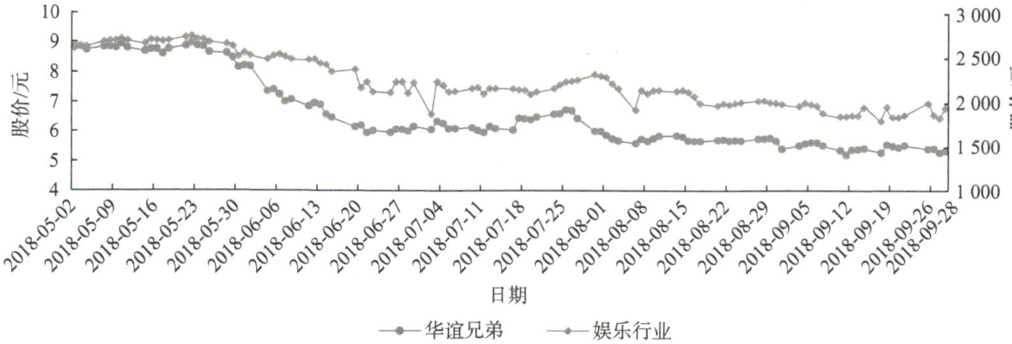

图5　华谊兄弟及娱乐行业2018年5~9月股价变动趋势图

华谊兄弟对应左数轴，娱乐行业对应右数轴

资料来源：RESSET 金融研究数据库，经笔者整理

从整体来看，华谊兄弟在2018年5~9月的股价是下降的趋势，尤其是在6月6日，华谊兄弟实际控股人“掏空式”股权质押①将华谊兄弟推至网络舆情的风口浪尖，引发了其股价的断崖式下跌。根据表2可以看出，华谊兄弟在网络舆情爆发后迅速采取了措施，并且是连续采取应对措施，在2018年6月分别采取了5次不同的应对措施，但是，华谊兄

① “掏空式”股权质押指的是上市公司控股股东将其持有的股份大规模质押，从而将公司的财产和利润转移出去，对中小股东的利益造成侵占的行为。

弟的股价并没有因为采取措施而停止下滑，只是在采取措施后有小幅度的向上波动，总体来讲其股价仍在下降，由此也可以看出华谊兄弟采取的网络舆情应对措施并不是完全无用的，只是收效甚微，无法完全挽回投资者的信心，并不能控制股价下跌的趋势。2018年6月，华谊兄弟的股价跌到了上半年的谷底，随着时间的推移及华谊兄弟的持续经营，网络舆情逐渐削弱，7月，华谊兄弟的股价处于相对平稳的状态。2018年7月20日，华谊兄弟实际控股人确实增持公司股份，其股价相对7月中上旬有了较大幅度的提升，如图5所示。这也说明相较于澄清公告、法律手段等措施，切实的资金投入更能赢得投资者的信任，使大股东“圈钱跑路”的谣言不攻自破，从而稳定股价。2018年8月及9月初，华谊兄弟的股价又因受到小范围股权质押的影响而有所下跌，但在华谊兄弟于2018年9月17日宣布华谊兄弟（长沙）电影小镇将在2018年9月29日开园试营业并实行门票免费的政策后，其股价在一定程度上扭转了9月初下跌的趋势，如图6所示。同时，由于舆情事件已经进入稳定期，资本市场参与者已逐渐“消化接受”舆情信息，因此，华谊兄弟的股价变动幅度较小，大致围绕在5.3~5.5元。对于娱乐行业而言，其股价同样处于下降的趋势，但是在2018年6月，即网络舆情的爆发期，行业总体的股价下跌幅度要低于华谊兄弟股价的下跌幅度，并且在网络舆情的稳定期，娱乐行业的股价要比华谊兄弟的股价更加稳定。对比娱乐行业股价的波动，能够更加直观地感受网络舆情对华谊兄弟股价的冲击。

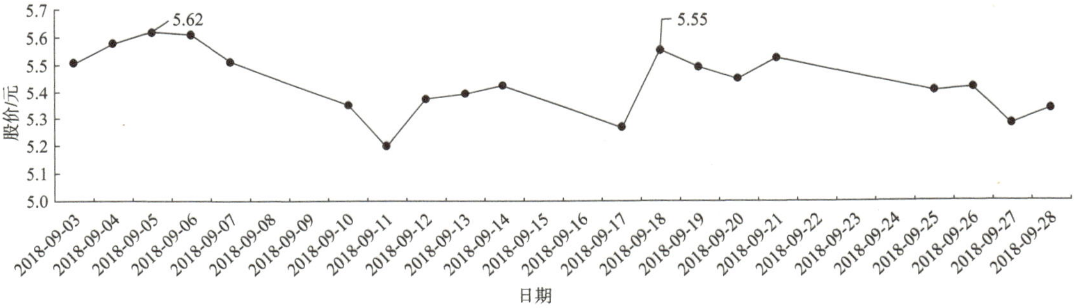

图6　华谊兄弟2018年9月股价变动趋势图

资料来源：RESSET金融研究数据库，经笔者整理

对华谊兄弟股价变动的分析发现，“增持股份”和“积极经营”等实质性硬措施更能稳定中小投资者的信心，网络舆情的应对效果更佳。同时，华谊兄弟在网络舆情爆发期连续采取应对措施的效果并不显著，反观在网络舆情的稳定期，2018年7月、9月实质性硬措施的采取使华谊兄弟的股价大幅上升或者处于上升的起点，也说明华谊兄弟采取的实质性应对措施是有一定效果的。

值得关注的是，随着时间的推移，网络舆情逐渐进入稳定期，投资者逐渐“接受”甚至“忘却”舆情信息，因此，从长期来看，股价下跌的趋势会逐步得到缓解，并有一定程度的回升。但是，华谊兄弟连续采取实质性硬措施“回击”网络舆情，使资本市场参与者可以更加快速、全面地获取华谊兄弟积极经营的信息，从而大幅度压缩其股价回升的周期，并在较短的时间内引起股价反转[①]，在一定程度上缓解了股价的长期低迷对企业带来的消极

① 股价反转是指股价朝上或朝下运行一段时间后，股价朝着反方向运行。

影响，从该角度同样可以看出华谊兄弟针对网络舆情采取的应对措施具有积极的应对效果。

2. 市场绩效分析

本文对于华谊兄弟网络舆情应对的市场绩效分析指的是对华谊兄弟针对网络舆情采取应对措施后的超额收益率及累计超额收益率的分析。

1）窗口期的选择

根据前文分析，本文将华谊兄弟网络舆情的应对措施分为两类，将应对措施的发生日或者公告日作为事件日，并把事件日前后5个交易日作为窗口期，即$t=(-5, 5)$，利用事件研究法对华谊兄弟（股票代码：300027）的日收益率和市场收益率进行计算，根据计算结果进行分析。

2）超额收益率和累计超额收益率的计算过程

本文搜索了华谊兄弟在窗口期内的日收益率及市场收益率，用R_t表示华谊兄弟的股票在第t日的日收益率，用$R_{i,t}$表示华谊兄弟在第t日的市场收益率。由此计算超额收益率（$AR_{i,t}$）和累计超额收益率（$CAR_{i,t}$），具体如下：

$$AR_{i,t}=R_t-R_{i,t} \quad (1)$$

$$CAR_{i,t}=\sum AR_{i,t} \quad (2)$$

3）超额收益率和累计超额收益率结果分析

根据超额收益率和累计超额收益率的计算方法，分别计算得到华谊兄弟不同种类应对措施的超额收益率和累计超额收益率，根据计算结果分析网络舆情应对措施的效果，以及不同类型的应对措施的效果是否有所不同。

网络舆情爆发后，华谊兄弟迅速发布澄清公告。根据表3，在公告发布之前，即$t=(-5, -1)$的时间段内，华谊兄弟的超额收益率均为负值，并且在澄清公告发布当天，华谊兄弟的超额收益率仍为负值。在$t=(1, 5)$的时间段内，华谊兄弟的超额收益率均为正值，虽然超额收益率的数值并不大，但也能说明澄清公告在应对网络舆情上是有一定作用的。对于累计超额收益率，在$t=(-5, 5)$的时间段内均为负值，但在$t=(0, 5)$的时间段内累计超额收益率的数值不断增大，侧面说明在网络舆情爆发期采取应对措施的效果是微乎其微的，也就是说这一措施“治标不治本”，不能完全应对网络舆情的消极影响，只能微幅削弱负面效应，并不能挽回投资者的信任，也不能扭转股价下降的趋势。

表3 华谊兄弟发布澄清公告前后绩效变化表

事件概述	应对措施所处阶段	应对措施类型	窗口期	$AR_{i,t}$	$CAR_{i,t}$
2018年6月11日，华谊兄弟发布澄清公告	网络舆情爆发期	非实质性软措施	−5	−9.74%	−9.74%
			−4	−1.24%	−10.98%
			−3	−2.43%	−13.41%
			−2	−2.34%	−15.75%
			−1	−0.05%	−15.80%
			0	−2.47%	−18.27%
			1	0.87%	−17.40%
			2	1.31%	−16.09%
			3	0.48%	−15.61%
			4	0.99%	−14.62%
			5	2.75%	−11.87%

从表4可以看出，类似澄清公告的发布，在t=（−5，−1）的时间段内，超额收益率均为负值，这也说明网络舆情带来的消极影响。与之不同的是，在股权激励计划发布的当天就产生了正向的超额收益率，并在t=（1，5）的时间段内，超额收益率均为正值，并且股权激励计划带来的超额收益率要明显大于澄清公告带来的超额收益率，侧面说明股权激励计划对于网络舆情的应对作用要比澄清公告更加显著。累计超额收益率的变化也进一步佐证了这一结论，尽管在t=（−5，5）的时间段内的累计超额收益率均为负值，但是累计超额收益率的数值不断在增大，网络舆情的负面效应在削弱，即股权激励计划的应对措施是有效的。

表4　华谊兄弟推出股权激励计划前后绩效变化表

事件	应对措施所处阶段	应对措施类型	窗口期	$AR_{i,t}$	$CAR_{i,t}$
2018年6月12日，华谊兄弟推出第二期股权激励计划	网络舆情爆发期	实质性硬措施	−5	−1.24%	−1.24%
			−4	−2.43%	−3.67%
			−3	−2.34%	−6.01%
			−2	−0.05%	−6.06%
			−1	−2.47%	−8.53%
			0	0.87%	−7.66%
			1	1.31%	−6.35%
			2	0.48%	−5.87%
			3	0.99%	−4.88%
			4	2.75%	−2.13%
			5	2.71%	−0.58%

根据表5，华谊兄弟实际控制人增持计划的公告一经发布便迅速引发了市场反应。在公告日当天就带来了正向的超额收益率，从0.99%增加到2.75%，上升幅度高达1.78%。除去t=3，在t=（0，5）的时间段内，超额收益率均为正值，最高达到7.05%。在t=（0，5）的时间段内累计超额收益率呈不断上升的趋势。公告公布后的超额收益率及累计超额收益率的变化说明了增持股份公告的作用，换言之，投资者更加信任公司真实的资金投入，只有实际控制人持有公司的股份增多，资本市场才愿意相信大股东“圈钱跑路”是谣言，其股价才会有所提高。

表5　华谊兄弟发布关于公司实际控制人计划增持公司股份的公告前后绩效变化表

事件概述	应对措施所处阶段	应对措施类型	窗口期	$AR_{i,t}$	$CAR_{i,t}$
2018年6月18日，华谊兄弟发布关于公司实际控制人计划增持公司股份的公告	网络舆情爆发期	实质性硬措施	−5	−2.47%	−2.47%
			−4	0.87%	−1.60%
			−3	1.31%	−0.29%
			−2	0.48%	0.19%
			−1	0.99%	1.18%
			0	2.75%	3.93%
			1	2.71%	6.64%
			2	7.05%	13.69%
			3	−0.53%	13.16%
			4	1.21%	14.37%
			5	0.28%	14.65%

表5分析的超额收益率及累计超额收益率的结果是增持公告的结果分析，尽管超额收益率及累计超额收益率有了正向变化，但是幅度并不明显，这说明大部分投资者对于华谊兄弟实际控制人增持股份这一措施持观望态度，公告不能成为其做出决策的重要依据。

表6是华谊兄弟实际控制人正式增持公司股份后的超额收益率及累计超额收益率的结果，通过对比表5及表6的结果分析增持公告与正式增持的舆情应对效果的差别。根据表6，华谊兄弟实际控制人增持企业股份后，超额收益率有了大幅度的上升，在t=（1，5）的时间段内，超额收益率及累计超额收益率是持续上升的。在t =5时超额收益率达到了最大值9.68%，累计超额收益率达到最大值28.57%。而增持公告发布后，超额收益率确实也有正向变化，但是其增加幅度明显低于正式增持公司股份这一积极信息发布后的增长幅度。这一结果进一步说明中小投资者并不完全信任上市公司的增持公告，只有实际控制人真正投入资金增持股份才能赢得部分中小投资者的信任，其股价才会有所回升。同时，华谊兄弟实际控制人正式增持公司股份是在网络舆情的稳定期，随着时间的推移，舆情逐渐消退，实际控制人增持公司股份无疑给中小投资者打了一剂“强心剂”，这一举措对于华谊兄弟击破网络舆论及股价的回升是十分有利的。

表6　华谊兄弟董事长王忠军增持公司股份前后绩效变化表

事件	应对措施所处阶段	应对措施类型	窗口期	$AR_{i,t}$	$CAR_{i,t}$
2018年7月20日，华谊兄弟董事长王忠军增持公司股份	网络舆情稳定期	实质性硬措施	−5	−1.39%	−1.39%
			−4	−0.78%	−2.17%
			−3	6.41%	4.24%
			−2	0.08%	4.32%
			−1	0.84%	5.16%
			0	0.93%	6.09%
			1	0.85%	6.94%
			2	1.58%	8.52%
			3	1.78%	10.30%
			4	8.59%	18.89%
			5	9.68%	28.57%

为了进一步分析网络舆情应对措施采取的时间不同，其应对效果是否会产生差异，本文对比分析网络舆情爆发期及稳定期的实质性硬措施（同为积极经营措施）的应对效果（表7）。

表7　华谊兄弟发布“H计划”前后绩效变化表

事件	应对措施所处阶段	应对措施类型	窗口期	$AR_{i,t}$	$CAR_{i,t}$
2018年6月15日，华谊兄弟发布“H计划”	网络舆情爆发期	实质性硬措施	−5	−0.05%	−0.05%
			−4	−2.47%	−2.52%
			−3	0.87%	−1.65%
			−2	1.31%	−0.34%

续表

事件	应对措施所处阶段	应对措施类型	窗口期	$AR_{i,t}$	$CAR_{i,t}$
2018年6月15日，华谊兄弟发布“H计划”	网络舆情爆发期	实质性硬措施	–1	0.48%	0.14%
			0	0.99%	1.13%
			1	2.75%	3.88%
			2	2.71%	6.59%
			3	–1.01%	5.58%
			4	–0.53%	5.05%
			5	–0.79%	4.26%

华谊兄弟发布的“H计划”指的是华谊兄弟20多部影片的投资制作计划，表示华谊兄弟对其未来发展的信心。本文将“H计划”的发布列为其积极经营的范畴，该计划发布后迅速带来了正向的超额收益率及正向的累计超额收益率。但是，随着时间的推移，网络舆情进一步爆发，即$t=(3, 5)$的时间段内，华谊兄弟的超额收益率迅速变为负值，累计超额收益率迅速下降。华谊兄弟发布的“H计划”有很多不确定性，影片项目能否顺利启动、上映后票房如何，以及是否有收益都是未知数。并且，在网络舆情爆发期，投资者明显更容易听信舆论，进而对其经营计划的实施持犹豫或者怀疑的态度，因此，这类措施无法从根本上解决网络舆情带来的负面影响。

根据表8，在华谊兄弟宣布华谊兄弟（长沙）电影小镇即将试营业且门票免费的前5天，即$t=(-5, 0)$的时间段内，华谊兄弟的累计超额收益率大多为正值，这也侧面说明在该时间段已经进入网络舆情稳定期。在这一时期，华谊兄弟（长沙）电影小镇即将开园试营业且在试营业期间门票免费的消息一经宣布便迅速引发市场的关注，这一积极信息也迅速引发资本市场的正向波动，该消息宣布一天后其超额收益率就由负值转为正值，增长幅度为4.52%，累计超额收益率也处于波动增大的趋势。超额收益率、累计超额收益率的正向变化进一步说明了华谊兄弟（长沙）电影小镇这一经营措施的应对作用。

表8 华谊兄弟宣布华谊兄弟（长沙）电影小镇即将试营业且门票免费前后绩效变化表

事件	窗口期	$AR_{i,t}$	$CAR_{i,t}$
2018年9月17日，华谊兄弟宣布华谊兄弟（长沙）电影小镇即将试营业且门票免费	–5	1.78%	6.60%
	–4	–0.31%	6.29%
	–3	–3.08%	3.21%
	–2	–0.51%	–0.51%
	–1	1.77%	1.26%
	0	–1.00%	0.26%
	1	3.52%	3.78%
	2	–2.26%	1.52%
	3	–0.54%	0.98%
	4	0.11%	1.09%
	5	2.53%	3.62%

华谊兄弟的实景娱乐将影片发展到线下，对电影转化而来的文创产品进行全方位包装，延伸了其影视作品的IP（intellectual property，知识产权），带来了实景娱乐项目的高人流量及板块业务的协同发展，打造了产业封闭链条，从而开创了国内影视娱乐企业发展的新纪元。并且，华谊兄弟的实景影视小镇即将在全国各地建立，相较于充满不确定性的“计划”，这项投资充满创新性，产生了规模效应，更能重塑与投资者的关系，赢得投资者的信任。同时，在网络舆情稳定期采取措施的效果要优于在爆发期采取措施的效果。

通过前文的分析可知，华谊兄弟针对网络舆情采取的不同种类的措施均有一定的应对效果，都会带来不同程度的超额收益率及累计超额收益率的变化。特别是增持股份、积极经营、股权激励计划类实质性硬措施直接显示出华谊兄弟良好的运转状况及对公司未来发展的信心，因此资本市场更加愿意相信该类措施，其应对效果也就更加明显。同时，应对措施采取的时机不同，产生的应对效果也是不一样的，在网络舆情爆发期采取措施难以产生明显的应对效果，并且一旦采取不当，甚至会造成“欲盖弥彰”的后果，从而引发投资者的怀疑，更不利于股价稳定。在网络舆情稳定期采取措施，加上时间的推移，可以使舆论“不攻自破”，更容易取得投资者的信任，维护公司的持续发展，因此，网络舆情的应对措施采取时机就显得尤为重要。

（四）同行业公司对比分析①

华谊兄弟大股东股权质押将网络舆情推至爆发期，国内娱乐行业也深受网络舆情的影响。国内娱乐行业的股价跌涨幅度具体如图7所示。

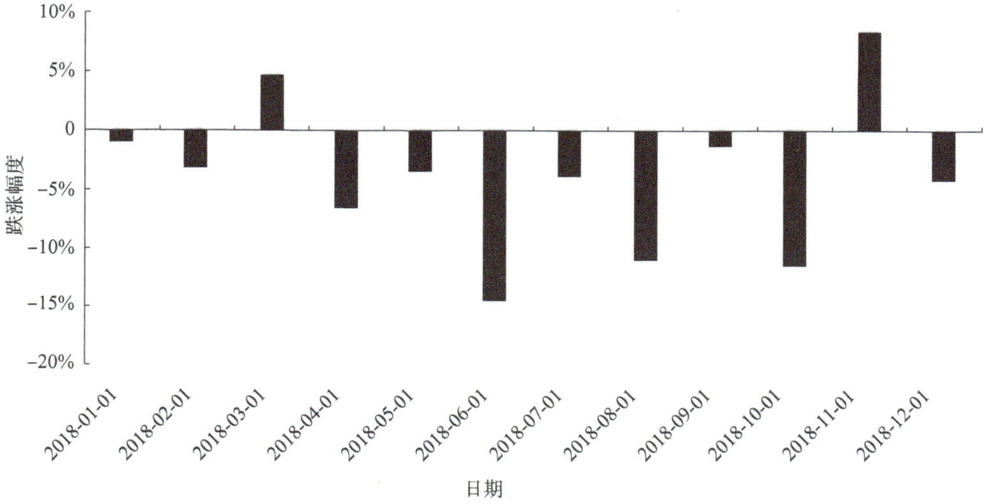

图7　2018年娱乐行业股价跌涨图

资料来源：同花顺财经官网（http://www.10jqka.com.cn/），经笔者整理

根据图7，2018年，我国娱乐行业整体处于低迷态势，行业股价在2 206.94元，娱乐

① 针对该次网络舆情，国内影视娱乐公司大致可以分为两类：一是采取应对措施的公司，如华谊兄弟；二是未采取应对措施的公司，如除华谊兄弟之外的其他公司。

行业的股价仅在2018年3月和11月两个月处于增长态势，其他各月都处于下降趋势，尤其是在网络舆情爆发期，即2018年6月股价大幅下跌，下跌幅度高达14.27%。2018年9月，娱乐行业发展出现转机，下跌幅度大幅度缩小。为了进一步说明华谊兄弟在网络舆情爆发期采取措施所产生的效果，本文选择唐德影视及慈文传媒与华谊兄弟进行对比分析。

唐德影视也是国内发展较好的娱乐公司，同时，深陷偷税漏税舆情的明星是其大股东的其中之一，因此唐德影视也深受网络舆情的影响，与华谊兄弟有相似之处，对比结果更具说服力。本文整理了唐德影视和华谊兄弟在网络舆情爆发期的股价波动走势，如图8所示。

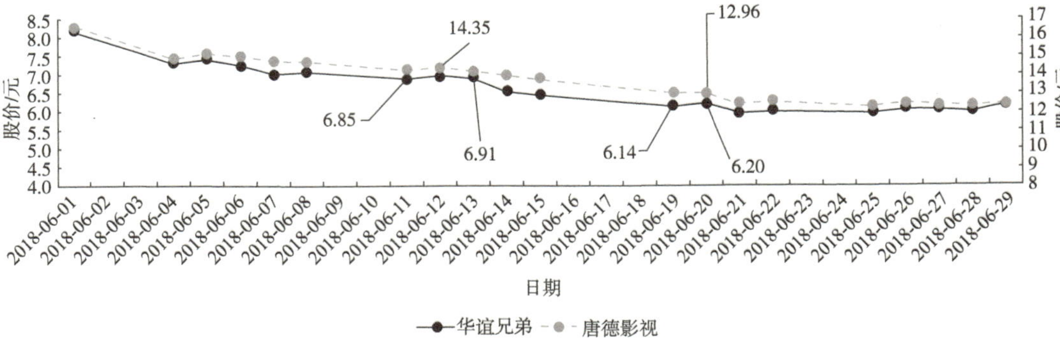

图8　唐德影视和华谊兄弟股价波动图

华谊兄弟数据对应左数轴，唐德影视对应右数轴；
资料来源：RESSET 金融研究数据库，经笔者整理

根据图8，唐德影视和华谊兄弟的股价波动走势大致一样，均为下跌趋势，但是也有一些不同的地方。根据表2，华谊兄弟在2018年6月11日、12日、18日均采取了应对措施，因此其股价都发生了一定的变化，在2018年6月11日、12日采取应对措施后其股价由6.85元上涨到6.91元，2018年6月18日采取措施后，其股价由6.14元上升到6.20元，尽管上升幅度较小，但是可以显示出应对措施的积极效果。本文查阅了巨潮资讯网关于唐德影视的相关公告，发现在娱乐行业发生网络舆情的整个过程中唐德影视未采取任何应对措施，选择了沉默应对。在这种情况下，结合图8可以发现，唐德影视的股价始终处于下跌的状态，没有丝毫上升的趋势。因此，在网络舆情爆发期采取应对措施是能够产生一定效果的，但是收效甚微。

同样，慈文传媒也同为国内发展较好的影视娱乐公司，但在网络上并不存在针对其经营发展提出质疑的负面舆论，更多的是受整个影视娱乐行业环境的影响，其股价有了一定程度的下滑。同样地，慈文传媒也没有在自媒体平台采取相应的应对措施，本文通过对比慈文传媒和华谊兄弟在网络舆情爆发期的股价波动情况更能显示出华谊兄弟应对措施的效果。

本文整理了网络舆情爆发期慈文传媒和华谊兄弟的股价波动走势，如图9所示。

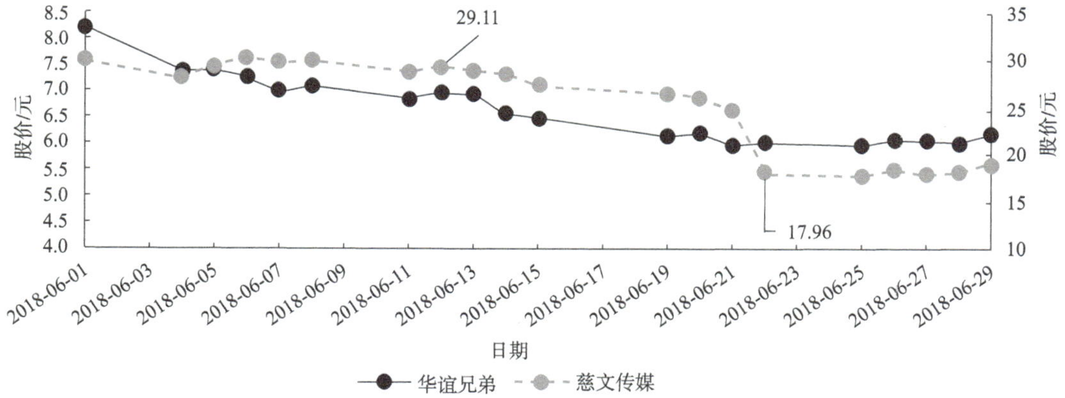

图9　慈文传媒和华谊兄弟股价波动图

华谊兄弟数据对应左数轴，慈文传媒对应右数轴；

资料来源：RESSET金融研究数据库，经笔者整理

根据图9，在整个网络舆情爆发期慈文传媒的股价总体上呈现波动下降的态势，根据前文的分析，华谊兄弟在2018年6月11日、12日均采取了应对措施并产生了一定程度的积极效果，股价有短暂的小幅度上升。同一时间段慈文传媒未采取措施，其股价由2018年6月12日的29.11元直接跌到22日的17.96，下跌幅度为38%，在此期间，慈文传媒没有采取任何应对措施，其股价也没有任何的波动上升，股价的这一走势说明慈文传媒完全受到行业网络舆情的负面影响，也从侧面说明了华谊兄弟应对措施的积极效果。

前文分析了华谊兄弟采取的应对措施缩短了股价回升的周期，引起股价反转，为了强化这一结论，本文将同行业中没有采取应对措施的公司——唐德影视、慈文传媒与华谊兄弟的股价进行对比分析，三者的股价变动趋势图如图10所示。

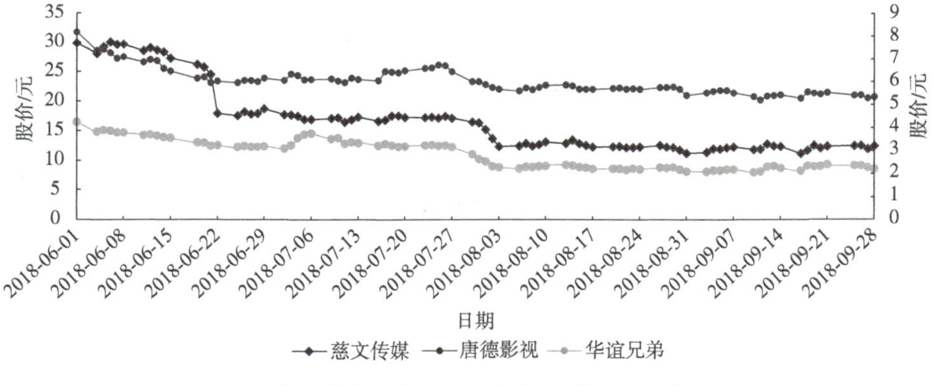

图10　慈文传媒、华谊兄弟和唐德影视股价波动图

慈文传媒、唐德影视数据对应左数轴，华谊兄弟对应右数轴；

资料来源：RESSET金融研究数据库，经笔者整理

根据图10，慈文传媒、唐德影视和华谊兄弟在2018年6~9月的股价变动趋势大致趋同，在国内娱乐行业股市低迷的大环境下，华谊兄弟连续采取应对措施并取得了一定的效果。华谊兄弟在2018年6月11日开始采取连续应对措施“回击”网络舆情，在6月下旬其股价率先有小幅的回升，而没有采取应对措施的慈文传媒和唐德影视的股价仍然处于

下降的趋势，其股价的回升是在2018年6月底，这就说明华谊兄弟网络舆情应对措施能够缩短股价回升的周期，可以在较短时间内引发股价反转。同样地，华谊兄弟在2018年7月20日采取应对措施，在此影响下其股价迅速有了反转，而其他两家没有采取应对措施的公司的股价仍然处于小幅波动下降的情形中。股价的这一变动趋势同样说明了应对措施的积极效果，对于加速股价回升、促进股价反转具有有利影响。

四、华谊兄弟网络舆情应对结论及建议

（一）研究结论

蓬勃发展的自媒体在拓宽投资者信息获取渠道的同时，也成为网络舆论的温床。本文以华谊兄弟网络舆情事件为例对其网络舆情应对措施的经济后果进行了分析，得出以下三点结论。

1. 华谊兄弟的网络舆情应对措施能够产生一定的即时效果

对华谊兄弟网络舆情应对措施的经济后果分析及与同行业公司的对比分析发现，连续采取应对措施后华谊兄弟的股价都有不同程度的上升或者处于回升的起点，同时能够压缩股价回升的周期，在较短的时间内引起股价的反转，并且能够带来不同程度的超额收益率，或者使累计超额收益率有所增大。在信息接收者眼里，沉默应对等同于默认。因此，即便网络舆情爆发，负面舆论充斥所有信息渠道，上市公司也应采取措施积极正面应对，哪怕收效甚微也不应以沉默应对。

2. 网络舆情的应对效果会因措施采取的种类不同而有所差异

对上文股价及超额收益率、累计超额收益率的分析可以看出，华谊兄弟采取的增持股份、积极经营、股权激励计划等实质性硬措施的应对效果要明显优于发布澄清公告、启动法律程序等非实质性软措施。增持公司股份代表的是华谊兄弟实际控制人对华谊兄弟的未来发展充满信心，股权质押也并不是“掏空”企业，这直接粉碎了大股东“圈钱跑路”的谣言；积极经营说明华谊兄弟资金运转正常，股权质押融资也是为了满足公司投资的需要，公司经营良好，击破了“华谊兄弟运转失常”的传闻；股权激励计划是公司分享利润、留住人才的重要举措，华谊兄弟发布第二期股权激励计划说明其有利润可分，并且能够留住公司核心人才，这是华谊兄弟可持续经营采取的措施。以上三类措施虽有不同，但是都“直面”网络舆论，展现公司现阶段的正常经营及未来发展的优良计划，使投资者更倾向于相信公司，而非空穴来风的传言。而澄清公告、启动法律程序等措施不足以“威慑”网络舆论的制造者及传播者，无法从根本上遏制舆论的传播，并且由于信息不对称性，投资者无法得知华谊兄弟的真实经营情况，加上自媒体平台关于华谊兄弟的负面舆论繁多，投资者会受到误导从而相信舆论，因此，这两类措施的应对

效果微乎其微。

3. 网络舆情的应对效果会因措施采取的时机不同而有所差异

在上文的分析中，积极经营类实质性硬措施在网络舆情爆发期与网络舆情稳定期产生的效果不同。在网络舆情爆发期，关于华谊兄弟的负面舆论如洪水般涌入自媒体平台，各种消极信息充斥中小投资者的视野，网络舆论愈演愈烈，投资者难以辨别其真假时很容易相信舆论。此时，采取措施难以扭转投资者的想法，应对效果也微乎其微。与之相反，随着时间的推移，华谊兄弟的良好经营会击破一些网络舆论，网络舆情进入稳定期，此时采取相应的应对措施可以使投资者进一步了解华谊兄弟的经营状况，稳定投资者情绪，重塑投资者对华谊兄弟的信心。

因此，上市公司要想提高网络舆情的应对效果，可以从应对措施采取的时机入手，针对网络舆情爆发的程度采取不同种类的应对措施，充分发挥各类措施的作用，积极引导投资者的决策，重新建立与投资者的良好关系，减轻网络舆情的消极影响，促进公司的持续发展。

（二）政策建议

1. 择机应对网络舆情

本文将网络舆情分为三个阶段：第一个阶段是潜伏期；第二个阶段是爆发期；第三个阶段是稳定期。上市公司应建立网络舆情预警机制，对负面舆情保持高度敏感度，同时应完善信息披露渠道，一旦发现二级市场上有不利于本公司网络舆情的苗头就应该通过各种渠道披露公司的相关信息，以维护公司声誉，避免失信于投资者。除此之外，在网络舆情潜伏期，上市公司对本公司的各种经营决策的制定都应该采取慎重的态度，防止引发投资者的抵触心理，加速网络舆情的爆发；网络舆情一旦爆发，负面信息会充斥投资者所有信息获取渠道，如果上市公司采取消极态度，发动“水军”在自媒体平台刷屏利于本公司的信息，不仅不会阻止负面舆情的传播还有可能增加投资者的疑虑情绪，甚至激怒投资者，触发二级市场的羊群效应。因此，在网络舆情的爆发期，上市公司应直面负面舆论，借助微博、微信、官网等自媒体平台全方位还原舆论事件的真实情况，满足投资者的知情权，化解投资者对舆情的理解误差，化被动为主动，赢得投资者的信任；在网络舆情的稳定期，上市公司声誉因网络舆情受到的损害不会随着负面舆情的消退而变好，公司应积极经营，选择优质的投资项目，向投资者展现公司良好的发展面貌以挽回公司声誉。

2. 积极引导网络舆情

通过本文的分析，上市公司股权激励计划、增持股份、积极经营等实质性硬措施更能够带来股价的回升及超额收益率的增加，即这几类网络舆情应对措施是更有效果的。因此，上市公司在应对网络舆情时应利用这几类措施全方位地展现公司的良好前景和优质的发展状况，积极引导网络舆情的发展方向，减轻对公司自身的负面影响。

网络舆情的应对不是一蹴而就的，上市公司应建立网络舆情管理机制，与自媒体企业建立合作关系，封闭恶意造谣用户的账号，启动法律程序追究蓄意造谣者的法律责任，从根源上遏制负面舆论的散播。上市公司应将澄清公告与公司股权激励计划等措施相配合，共同应对网络舆情，通过提供正向的增量信息引导投资者的情绪，使投资者把关注点转移到上市公司的发展方向、投资项目上。上市公司应在网络舆情上掌握主动权，处理好其与各方利益相关者的关系，提高自身的声誉价值，促进公司的持续发展。

（三）研究不足与未来研究展望

本文利用事件研究法对华谊兄弟在面临网络舆情时连续采取不同类型的措施加以分析，发现这些应对措施产生了一定的效果。华谊兄弟连续采取不同种类的应对措施更有效地回击了网络舆情，也更全面地增加了投资者对于相关信息的获取。虽然本文将不同种类的措施划分为两大类，即实质性硬措施和非实质性软措施，但是华谊兄弟在网络舆情爆发期采取的具体应对措施的时间间隔较短，各种应对措施交织在一起，因此很难更为准确地确定哪一类相应措施产生的应对效果最为有效，更难以辩驳是某一类措施起到了至关重要的影响还是所有非实质性软措施和实质性硬措施交杂在一起产生了综合连带影响。除此之外，华谊兄弟面对网络舆情连续采取应对措施，但同行业其他公司都选择沉默应对，因此本文只能对比分析采取应对措施与未采取应对措施的公司的股价变动情况，从而分析华谊兄弟应对措施的效果，无法对比同行业公司采取与华谊兄弟的同类型措施时的股价变动情况。

在后续的研究中，本文将选择更加适合的案例公司对其不同类型的应对措施进行分离分析，或者利用更加适合的研究方法控制各种措施之间的交叉影响，以明确每种应对措施产生的净对应效果。同时，本文研究了公司面对网络舆情连续采取应对措施产生的效果，在以后的研究中可以分析间断性采取应对措施的效果，并且会加强对网络舆情事件的关注，将采取同类型应对措施的公司与华谊兄弟进行对比分析，以弥补本文在对比分析上的不足。

参 考 文 献

曹劲松. 2010. 网络舆情的发展规律. 新闻与写作，（1）：45-47.

陈璟浩，李纲. 2015. 突发公共事件网络舆情在网络媒体中的传播过程. 图书情报知识，（1）：116-123.

陈奇斌. 2014. 尤金・法玛与有效市场理论. 福建论坛（人文社会科学版），（1）：39-41.

陈媛. 2017. 基于社会网络分析的自媒体时代舆情传播研究——以新浪微博为例. 山西财经大学硕士学位论文.

邓翔. 2015. 负面舆情、股价异动与舆情应对措施. 统计与信息论坛，（11）：78-83.

霍明奎，竺佳琪，赵丹. 2019. 移动环境下微博舆情信息传播网络结构研究. 情报科学，37（5）：98-102.

贾明，阮鸿飞，张喆. 2018. 公司澄清能制约媒体传谣吗——基于A股上市公司的经验研究. 管理工程学报，（2）：107-118.

孔建华. 2018. 国内网络舆情治理研究综述. 电子政务，（12）：68-76.
孔淑华，罗佳. 2019. 网络舆情治理要有“大数据观”. 人民论坛，（8）：122-123.
黎红友，陈宇. 2016. 自媒体时代网络舆情生成和传播机制研究——基于大数据社会网络分析视角. 当代传播，（1）：24-25.
刘小三. 2017. “自媒体”环境下西藏地区的舆情呈现及其应对. 西藏民族大学学报（哲学社会科学版），（1）：115-120.
梅妍霜，朱恒民，魏静. 2019. 媒体协同对网络舆情扩散的作用机制研究. 数据分析及知识发现，（2）：65-69.
聂二保. 2019. 负面网络舆情事件对一般工商企业信用水平的影响研究. 征信，（1）：16-20.
史青春，徐露莹. 2014. 负面舆情对上市公司股价波动影响的实证研究. 中央财经大学学报，(10)：54-62.
田高良，司毅，秦岭，等. 2018. 网络舆情及其应对与上市公司的信息效率. 系统工程理论与实践，38(1)：46-66.
王康，李含伟. 2018. 自媒体时代的企业网络舆情应对策略研究——基于上市公司百度指数的研究. 情报科学，（1）：113-117.
王兰成，陈立富. 2018. 国内外网络舆情演化、预警和应对理论研究综述. 图书馆杂志，（12）：10-12.
王立峰，韩建力. 2019. 网络舆情治理的风险与应对策略探析. 西南民族大学学报（人文社科版），(3)：139-145.
王中桥. 2013. 自媒体时代应对网络舆情的理念与做法. 湖北社会科学，（1）：21-23.
吴旭红. 2017. 新媒体时代的网络舆情及其治理范式的转变与创新. 北方民族大学（哲学社会科学版），（2）：107-111.
吴璇，田高粱，司毅，等. 2017. 网络舆情管理与股票流动性. 管理科学，（6）：51-63.
相德宝. 2015. 国际自媒体涉华舆论传者特征及影响力研究——以 Twitter 为例. 新闻与传播研究，(1)：58-70.
薛忠义，黄佳楠. 2019. 网络舆论引导的三重路径. 人民论坛，（2）：114-115.
张栋凯，齐佳音. 2015. 基于微博的企业突发事件网络舆情的股价冲击效应. 情报杂志，（3）：132-148.
赵静梅，何欣，吴风云. 2010. 国股市谣言研究：传谣，辟谣及其对股价的冲击. 管理世界，(11)：38-51.
周伟. 2018. 自媒体时代网络舆情政府回应困境与消解途径. 情报杂志，（37）：100-104.
Cade N L. 2018. Corporate social media：how two-way disclosure channels influence investors. Accounting，Organizations and Society，（68）：63-79.
Chamberlain A. 2017. Give to get：a mechanism to reduce bias in online reviews. Research Report.
Chen H L，De P，Hu Y，et al. 2011.Wisdom of crowds：the value of stock opinions transmitted through social media. The Review of Financial Studies，27（5）：1367-1403.
Cikurel D，Fanning K，Jackson K E. 2015. Investors’ responses to management getting out ahead of negative media mentions：the importance of remedy language. SSRN Working Paper.
Davies P，Canes M. 1978. Stock prices and the publication of second-hand information. Journal of Business，（51）：43-56.
Fama E F. 1965. The behavior of stock market prices. Journal of Business，38（1）：34-105.
Fama E F. 1970. Efficient capital market：a review of theory and empirical work. Journal of Finance，25(2)：383-417.
Gillmor D. 2006. We the Media：Grassroots Journalism by the People，for the People. Sebastopol：O’Reilly Media，Inc.
Ross S. 1979. The Economics of information and the disclosure regulation debate. Issues in Financial Regulation，（65）：364-381.

Economic Consequences of the Responses of Listed Companies to Online Public Opinions: The Case of Huayi Brothers

Hongbin Huang[1] and Chengwei Hao[2]

1. Accounting School, Tianjin University of Finance and Economics, Tianjin, China 300222

2. Tianjin University of Finance and Economics Pearl River College, Tianjin, China 300222

Abstract: This paper uses Huayi Brothers as a case to study the economic consequences of the responses of listed companies to online public opinions. Our analysis of the stock market performance of Huayi Brothers, in comparison to Tangde Film and Television and Ciwen Media Group, which did not respond to online public opinions, suggests that the way of a listed company responding to online public opinions plays an important role in stabilizing the company's stock price. Among the countermeasures taken by Huayi Brothers, substantive measures such as share repurchases, proactive business strategies, and equity incentive plans are the most effective in stabilizing or even increasing the stock price so as to generate (cumulative) abnormal returns relative to the general market performance. In addition, the response measures taken at the stablizing stage of online public opinions have better outcomes than those taken at the outbreak stage. Hence, our results suggest that in order to achieve better stock market performance outcomes listed companies should adopt different countermeasures in different development stages of online public opinions to guide the development of online public opinions and assuage the adverse impact of online public opinions on firm reputation.

***Keywords*:** online public opinion; economic consequences; Huayi Brothers.

当代会计评论
第12卷第3辑
2019年

Contemporary Accounting Review
Vol.12 No.3
2019

中国审计报告改革对审计质量的影响研究*

张金若[1]　刘雅丹[2]
（1. 重庆大学经济与工商管理学院，重庆 400030；2. 复旦大学，上海 200433）

【摘要】 本文基于2015~2016年A+H股①企业及配对企业的年报数据，从应计盈余管理角度，应用DID-PSM②模型，探究2016年底颁布的《中国注册会计师审计准则第1504号——在审计报告中沟通关键审计事项》等12项准则（以下简称新审计报告准则）初次实施对审计质量的影响，并进一步引入2017年年报数据，追踪分析改革进一步扩张对审计质量的影响效应。研究发现，审计报告改革的首次实施对应计盈余管理具有显著的抑制作用，从而对应计盈余管理表示的审计质量有显著的提高，改革取得了初步积极的效果；而在进一步扩张到所有A股企业后，对于和A+H股有类似企业特质的A股企业（PSM样本）及国有A股企业的审计质量提高作用较为显著，但是对非国有A股企业审计质量的提高作用不显著，说明改革效果依旧存在局限性。通过替换因变量及假设调整改革时间进行重新检验，结果显示本文的研究结论是稳健的。

【关键词】 审计报告改革　审计质量　应计盈余管理　DID-PSM模型

一、引　言

审计报告是注册会计师对所审计财务报表发表审计意见的书面报告，是注册会计师与财务报表使用者沟通所审计事项的主要手段，对增强财务信息的可信性起着至关重要的作用。我国在前几年使用的是2006年发布的审计报告准则体系，在这一准则规定下的审计报告无论在格式、内容还是信息沟通方面均饱受质疑（Schneider and Church 2008，

---

* 张金若，教授，E-mail：zhangjinruo@cqu.edu.cn；刘雅丹，在读博士研究生，E-mail：18210690029@fudan.edu.cn。本文受到教育部人文社会科学研究规划基金项目“‘一带一路’会计监管合作研究”（19YJA790114）的资助。

① A股：A-shares，人民币普通股票；H股：国企股。

② DID：difference-in-difference，双重差分；PSM：propensity score matching，倾向得分匹配。

PCAOB 2011，张继勋等 2016，王艳艳等 2018）。传统审计报告格式化严重，不同企业的审计报告仅在意见段存在差异，而相同审计意见的意见段表述同质化，投资者难以获得会计师事务所出具审计意见所依据的风险评估与分析过程（Humphrey et al. 2009，PCAOB 2011）。2008年全球金融危机发生后，国际上对提高审计质量、提升审计报告信息含量的呼声日趋强烈。近几年来，我国审计方面的有关改革也受到了极大重视，党的十九大报告中提出了“加强党的领导完善党和国家的监督体系，改善审计管理体制，完善统计制度”的要求。继2015年国际审计与鉴证准则理事会（International Auditing and Assurance Standards Board，IAASB）修订发布了新的国际审计报告准则后，我国财政部在2016年12月印发了新审计报告准则。

新审计报告准则于2017年1月1日起在A+H股企业施行，2018年1月1日扩大到所有被审计单位。作为我国近十年来规范资本市场的重要改革文件之一，究竟新审计报告准则能否带来积极影响，引起了学术界的关注。王艳艳等（2018）发现，新审计报告由于揭露了关键审计事项，提高了审计报告的沟通价值，具体表现为揭露关键审计事项段企业的累计超额收益率在披露前后的变化显著高于未披露企业。那么，在新审计报告准则出台之前，关键审计事项所对应的信息可能也已经在财务报表或附注中体现，在新审计报告中增加关键审计事项，为什么会增加审计报告的沟通价值呢？也即，新审计报告增加沟通价值的机理是什么？为此，本文拟进一步探究新审计报告准则出台之后，被审计对象的审计质量是否显著提升？只有从根本上改善被审计单位提供的会计信息的质量，审计报告改革的价值才得以彰显。

本文主体部分以改革事件发生的前后各一期窗口为研究时期，基于2015年和2016年A股上市企业的年报数据，进一步引入2017年年报数据，从盈余管理方面，运用DID-PSM方法，实证探究改革首次在A+H股企业实施及进一步扩张到所有A股企业后对于审计质量的影响效果。由于现有对于我国该次改革效果的研究多停留在理论分析阶段，从实证角度研究改革对于审计质量影响效果的文章尚且缺少，因此本文的贡献主要在于：一方面，首次从实证角度深入验证该次审计报告改革对于审计质量的影响，充实了这方面的研究内容；另一方面，对该次审计报告改革的实施效果提供数据上的支持，为审计报告改革实施的评价和进一步调整提供参考。

二、理论分析与假说发展

（一）理论分析

国外对传统审计报告的批评及新审计报告改革成效的研究文献主要集中在2008年金融危机爆发之后。审计报告改革的热潮最早于2013年从英国开始，之后多个国家相继进行了类似的改革。国外对于审计报告改革的相关研究可以概括为两个方面。

首先，是新审计报告对于审计师可靠性的影响，主要体现在对于审计师责任、审计质量、审计师费用的影响。Peecher等（2013）、Gimbar等（2016）和Backof等（2014）研究认为，审计报告改革通过增加关键审计事项增加了审计师的责任，而Kachelmeier等（2014）、Brasel等（2016）和Christensen等（2014）则认为，关键审计事项的披露可能成为审计师的免责声明，从而改革降低了审计师的责任感。在审计质量和审计费用方面，学者针对不同国家的研究也得出了不同的结论。Gutierrez等（2018）、Carcello和Li（2013）、Reid等（2015）对英国的审计报告改革效果进行了实证研究，前者认为改革对于审计费用和以盈余管理衡量的审计质量的影响不显著，后两者发现改革显著提高了财务报告和审计质量，并且不会显著增加审计费用；Bradbury（2018）利用档案资料进行研究，发现新西兰的审计报告改革对审计质量和费用均没有带来增量效果；Blay等（2015）研究认为，在荷兰，改革对于审计质量的影响并不显著。

其次，是新的审计报告对于投资者信息环境的影响，相关研究结论亦呈现较大的差异。Kachelmeier等（2014）和Christensen等（2014）认为，改革增加的关键审计事项在投资者看来是一种风险警告，降低了投资者对于相关领域的投资信心；Doxey（2012）和Kohler等（2016）发现，投资者和有关专家认为关键审计事项的披露意味着更高的财务报告质量、更好的经济状况和更低的虚假陈述概率。Lennox等（2015）和Gutierrez等（2018）认为，改革审计报告并没有带来信息增量，而Reid等（2015）则得出了相反的结论。

对于我国2016年发布的新审计报告准则的研究文献多集中在三方面。第一方面主要是总结该次审计报告改革的目的及内容（冉明东和徐耀珍 2017，王慧 2017）。第二方面是将该次改革与国外的类似改革进行对比分析，认为该次改革内容与IAASB及国际上多数国家的审计报告准则改革内容保持高度一致（阚京华 2017），通过增加“关键审计事项段”“其他信息段”及对持续经营问题的专门披露等规定，意在提高审计工作的透明度和信息含量，有利于促进审计质量的提高、恢复社会公众对审计工作价值的信心及信息使用者对财务报告的理解（唐建华 2015，许磊 2017）。第三方面主要是对2016年首批实施改革的A+H股企业进行改革后的审计报告进行案例研究，研究认为，总体而言，试点企业的新审计报告披露体现出更加透明、多样化和个性化的特点，但是在具体的披露事项上还存在一定程度的标准化趋势（冉明东和徐耀珍 2017，汪怡杉和胡本源，2017）。

但是，由于改革时间短，针对我国新审计报告改革的实证研究仍然比较缺乏。王艳艳等（2018）是较早采用实证研究方法研究该议题的学者。他们的文章从审计报告新增的关键审计事项段是否提高了审计报告沟通价值的角度展开研究。但是，他们并未进一步探究关键审计事项段是如何提高审计报告沟通价值的。根据Lennox等（2015）的观点，关键审计事项段信息可能已经在财务报告或附注中体现，增加关键审计事项段可能无法引起增量市场反应。那么，在我国，新审计报告是否由于在审计报告中揭露关键审计事项段，从而提高了被审计单位的财务报告质量，并进而增加了被审计单位审计报告的沟通价值呢？

（二）假说发展

这次新审计报告改革最大的亮点在于增加了“关键审计事项”部分，通过对具有挑战性、主观性或复杂性的审计师判断事项进行更加详细的描述来增加审计报告的信息含量（PCAOB 2017），提高了审计报告的详细程度和透明性（Gutierrez et al. 2018，Bradbury 2018），可能从以下角度对审计质量造成影响。

（1）从审计师个人角度而言，这次审计报告改革能够影响审计师的工作细致度、责任感、与被审计单位沟通的能力。Defond和Zhang（2014）认为更详细的审计报告促进了审计师工作的细致程度，有助于提高发现错报、漏报的可能性（王慧 2017，冉明东和徐耀珍 2017），并增加了出具非标意见的可能性，意味着更高的审计质量和更低的盈余管理（Bartov et al. 2004）。Reid等（2015）认为新审计报告所要求的更详尽的披露，会让审计师执行额外有利于审计质量提高的程序，或者持有更高的专业怀疑态度（IAASB 2013）。同时，新的审计报告将通过"披露的威胁"提高审计师对管理的"杠杆作用"，提高审计师在审计中与被审计单位博弈的有利地位（Wells Fargo 2016），有助于提高审计师与被审计单位管理层的沟通和信息获取质量，有助于提高审计质量（张继勋等 2016）。

（2）从外部压力的角度而言，企业声誉、法律诉讼和监管关注度都能成为激励审计质量的因素（Defond and Zhang 2014，IAASB 2015）。新审计报告中关键审计事项的披露能够增加审计师的法律风险成本（Deloitte 2013，Ernst & Young 2016）。Christensen等（2014）和Gutierrez等（2018）研究认为，改革导致的更详细的审计报告会通过将企业和审计师置于相对更仔细的审查之下来强迫审计师提高审计质量。

（3）从审计服务的最终产品——审计报告对于投资者的决策有用性而言，审计质量的高低很大程度上表现为审计报告满足会计报表使用者决策需要的程度（卢宁文 2012）。Reid等（2015）和王艳艳等（2018）认为改革后的审计报告带来了增量信息，增加了审计报告的沟通价值。有研究表明，关键审计事项的披露提高了审计报告使用者的信息搜寻和获取效率（Sirois et al. 2018），提高了投资者所感知到的审计报告的相关性和决策有用性（张继勋和韩冬梅 2014），说明改革提高了由符合性和可靠性为表征的审计报告的质量，是提高审计质量的具体表现（张龙平 1994）。

但是，研究也显示，改革带来的影响并不完全是积极的，Kachelmeier等（2014）和Brasel等（2016）认为，关键审计事项的披露可能成为审计师的免责声明，反而降低了审计师的责任感和法律风险，这对于提高审计质量是不利的。Gutierrez等（2018）和Lennox等（2015）认为，改革后的审计报告并没有提供增量信息，可能是因为其包含的信息已经体现在财务报告或附注中。同时，更细致的审计过程也会导致审计成本增加，审计师在成本与收益之间的权衡也可能会导致审计质量下降（Gutierrez et al. 2018）。具体到我国的审计报告改革，对2016年已实施改革的A+H股企业的新审计报告准则执行情况的分析显示，关键审计事项等新增的报告内容已经在同行业中出现了标准机械化的语言（冉明东和徐耀珍 2017，汪怡杉和胡本源 2017），说明改革还存在形同虚设的可能，审计师主观上依旧没有提高执业质量的意识。王艳艳等（2018）也提出，尽管改革加强了审计师与管理者的沟通，但是在获得审计信息的同时也可能出现审计师为了维护客户关系而对重大风险项目藏而不报的情况。因此，我国这次审计改革对于改革企业审计质量的影响效果也需要进一步验证。根据以上文献回顾和理论分析，本文提出两个竞争性假设。

假设 1a：相比未施行改革的企业及施行改革的企业实施改革之前，这次审计报告改革有助于提高企业的审计质量。

假设 1b：相比未施行改革的企业及施行改革的企业实施改革之前，这次审计报告改革对于企业的审计质量没有显著的影响。

三、研 究 设 计

（一）样本选取及数据来源

样本的财务数据和审计相关数据来自CSMAR数据库，企业的股权性质数据来自WIND数据库。本文以中国证券监督管理委员会2012版行业分类标准为筛选行业类型的依据。为了保证改革前后的窗口期一致，本文的主检验部分选取我国A股（包括A+H股）上市企业2015~2016年的年报数据，并对样本进行以下处理：①保留A+H股企业及其所属行业的A股企业；②剔除金融企业及ST（special treatment，特别处理）企业；③剔除有数据缺漏值的样本并进行平行面板处理；④对研究中涉及有严重离群值的变量进行Winsorize处理。经过处理得到2015~2016年2 102家A股企业样本，其中2016年年报审计实施改革的A+H股企业有67家。进一步，为了增加实证样本的可比性，将这些A+H股企业作为实验组，参照Lian等（2011）研究中使用的PSM法，在同行业内进行1：2的最近邻可放回的匹配，得到104家控制组企业。最终得到的实证样本中包含171家企业，共342个观测值。

（二）模型设定

1. 审计质量的度量

审计质量作为一个不可直接观察到的因素，其度量方法成为许多研究中关注的难点，常见的变量包括：财务重述（Draeger et al. 2016，Lobo and Zhao 2013，毛丽娟和朱铁琳 2015）、企业恰好达到盈利边界的可能性（Frankel et al. 2002，Wang and Zhou 2012，Fung et al. 2017）、信息价值相关性（Barth et al. 2012，Barth et al. 2008，Krishnan et al. 2017）、审计意见（Chen et al. 2010，吴青川等 2015）及盈余管理。其中，对于盈余管理，已有的文献采用不同的模型对这一指标进行测算，包括Jones模型及其衍生模型计算的可操纵性应计利润（Defond and Subramanyam 1998，Kothari et al. 2005，Dechow et al. 2011），Roy-Chowdhury模型计算的真实盈余管理，DD（Dechow&Dichev）模型计算的应计利润质量（Francis et al. 2005）及异常运营费用盈余模型计算的异常应计利润（Francis and Wang 2008）。

在这些替代变量中，财务重述在改革事件发生的第一年会存在较大偏误，因为制度的变化会在改革第一年带来财务重述概率的自然增加，而这并不是改革本身发挥的效应

（Stanley and Dezoort 2007）。信息价值相关性和企业达到盈利边界的可能性需要用到资本市场的股票数据进行计算，对于股票市场有效性欠缺的我国而言，这一指标的测算欠科学，因此，我国鲜少以这一指标作为审计质量的度量变量。审计意见作为虚拟变量，出现非标准意见的情况还是少数，因此对审计质量的衡量效果不精确。总的来说，国内外最频繁用作衡量审计质量指标的是盈余管理，本文选用该变量度量审计质量。

盈余管理包括应计盈余管理和真实盈余管理，真实盈余管理隐蔽性更强、危害性更大。但是，真实盈余管理要求企业通过改变业务活动以达到希望的会计处理结果，如缩减费用支出以减少确认的管理费用或销售费用。企业改变业务活动发生的时间是当年的1月1日至12月31日，而注册会计师年报审计则通常于次年才开始，因此，注册会计师对企业已经发生的业务活动是无能为力的（Lennox et al. 2016）。因此，本文选择应计盈余管理度量审计质量。

2. 盈余管理模型

本文采用可操纵性应计利润表示的应计盈余管理作为度量审计质量的变量。对于可操纵性应计利润的应计计算模型，Guay等（1996）的研究发现，Jones模型和修正的Jones模型能够对可操纵性应计利润提供可靠的估计，并能有效地用于假设检验。Bartov等（2004）对五种盈余管理模型揭示盈余管理的能力进行了检验和评价，认为截面Jones模型和截面修正的Jones模型能够更好地揭示企业的盈余管理。因此，本文选择截面Jones模型和截面修正的Jones模型作为计算可操纵性应计利润的模型。具体模型如下所示。

1）截面Jones模型

$$\frac{\text{ACCR}_{i,t}}{\text{TA}_{i,t-1}}=\alpha_1\frac{1}{\text{TA}_{i,t-1}}+\alpha_2\frac{\Delta\text{REV}_{i,t}}{\text{TA}_{i,t-1}}+\alpha_3\frac{\text{PPE}_{i,t}}{\text{TA}_{i,t-1}}+\varepsilon_{i,t} \quad (1)$$

2）截面修正的Jones模型

$$\frac{\text{ACCR}_{i,t}}{\text{TA}_{i,t-1}}=\alpha_1\frac{1}{\text{TA}_{i,t-1}}+\alpha_2\frac{\Delta\text{REV}_{i,t}-\Delta\text{REC}_{i,t}}{\text{TA}_{i,t-1}}+\alpha_3\frac{\text{PPE}_{i,t}}{\text{TA}_{i,t-1}}+\varepsilon_{i,t} \quad (2)$$

其中，ACCR为总应计利润，等于营业利润与经营现金流量的差值；TA表示总资产；ΔREV表示营业收入的变动额；ΔREC表示应收账款的变动额；PPE表示厂房、设备等固定资产价值；ε表示误差项，即可操纵性应计利润部分；α表示不同行业、不同年份的回归系数；i表示企业；t表示年份。

通过对模型（1）进行OLS（ordinary least square，普通最小二乘）估计，得到系数估计值，将系数估计值分别与模型（1）和模型（2）中的自变量取值进行相乘并相加，得到两个模型计算出的盈余中的正常值部分，再使用真实值减去该正常值部分即可得到可操纵性应计利润，分别表示为da和ada。

应计盈余管理da和ada的取值采用原始值或绝对值，两种做法都比较普遍（Lennox et al. 2016）。本文参考Lennox等（2016）的研究，认为选择原始值能够更好地捕捉审计师的作用。Lennox等（2016）认为，采用绝对值的原因之一是审计师可以同时修正企业收益向下和向上的盈余管理；原因之二是应计盈余管理可能会反转，采用绝对值度量可以同时抓住以前期间和当期盈余管理的影响。但是，他们进一步指出，相对于原始值，应计盈余管理绝对值也有两个缺点。第一，审计调整可能会引起应计盈余管理符号的改变，如审计前是正值的净应计盈余管理，如果在审计师的要求下进行向下调整，审计后的净应计盈余管理可能变为负值，此时，采用应计盈余管理原始值可以捕捉这种变化，但采用应计盈余管理绝对值则不能捕捉这种变化。第二，审计师调整可以增加也可以降低负向净应计盈余管理的绝对值，例如，审计前净应计盈余管理是–0.01（净应计/总资产），审计师审计后基于稳健性要求应计盈余管理调低0.01，那么，审计后净应计盈余管理是–0.02。此时，采用绝对值度量应计盈余管理，隐含的假设是较大的负向盈余反映企业进行了降低收益的盈余管理行为，但是，这种隐含假设可能是不对的，因为较大的负向盈余也可能是审计师对会计稳健性要求的结果。因此，Lennox等（2016）检验对比了审计师调整对应计盈余管理原始值和应计盈余管理绝对值的影响，研究结果发现审计师调整对应计盈余管理原始值的影响确实更为明显，审计师调整对正向与负向的净应计盈余管理都有影响。

3. 检验模型与变量

由于2016年首次执行新审计报告准则的企业限定在A+H股企业中，因此，两组样本的应计盈余管理水平可能存在固有系统性差异（Fung et al. 2017，田利辉和王可第 2017）。为了保证实验组和控制组的可比性，控制企业内在特性对于改革效果的干扰以得到更纯粹的改革效应（刘建民等 2017），本文构建DID-PSM模型作为实证模型，并参考Lian等（2011）研究中国股权激励效果文章中使用的PSM法。考虑到实验组样本数量的稀缺性，在实验组和控制组之间使用1∶2的最近邻可放回的匹配，通过逐步回归法、R^2、ROC（receiver operating characteristic，受试者工作特征）曲线下和坐标轴围成的面积（area under the curve，AUC）指标检验，并结合平行假设检验筛选出最优的匹配变量得到以下匹配方程：

$$\begin{aligned}\text{Logit}(\text{change}) = {} & \alpha + \beta_1\text{size} + \beta_2\text{mb} + \beta_3\text{loss0} + \beta_4\text{big4} + \beta_5\text{fee} + \beta_6\text{ownership} \\ & + \beta_7\sum\text{ind} + \varepsilon\end{aligned} \tag{3}$$

通过匹配方程（3）筛选出更具有可比性的控制组样本后，再构建DID模型，使用匹配后的样本进行回归检验，DID模型（4）设定如下：

$$\text{audit quality} = \alpha + \beta_1\text{after} + \beta_2\text{change} + \beta_3\text{after}\times\text{change} + \beta_4\text{controls} + \varepsilon \tag{4}$$

式（4）估计中均采用行业聚类稳健标准差，从而排除异方差对模型系数统计量估计带来的偏误。其中，因变量audit quality将由应计盈余管理da和ada分别表示。模型（4）中的自变量分为主要的检验变量和控制变量。实验组虚拟变量change对于执行了新审计报告的企业取1，否则取0；实验组虚拟变量after对于新审计报告执行之后的时间区间取1，否则取0。同时，在模型（4）中包括了这两个变量的交乘项。β_1表示改革实施之前实验组和控制组样本之间审计质量的差异；β_2表示控制组在改革实施前后审计质量的差异；β_3是我们重点研究关注的双重差分估计量，衡量实验组和控制组的审计质量在改革实施前后差异的变化，度量因执行了新审计报告准则改革而非其他因素带来的审计质量的变化幅度，根据假设1a，若改革对于审计质量有显著的提高作用，那么预计β_3显著为负值，否则β_3不显著。

变量说明详见表1。

表1 变量说明

变量类型	变量名称	变量定义
因变量	da	由截面 Jones 模型计算出的可操纵性应计利润
	ada	由截面修正的 Jones 模型计算出的可操纵性应计利润
检验变量	change	虚拟变量，执行了新审计报告准则的取 1，否则取 0
	after	虚拟变量，新审计报告准则执行之后取 1，否则取 0
	change×after	最主要的检验变量，前两个检验变量的交乘项
控制变量	size	企业规模，取企业本期末总资产的自然对数
	lev	资产负债率，它等于年末负债除以年末总资产
	gross	营利能力，它等于营业利润除以年末总资产
	mb	企业成长性，等于企业股票市值除以账面所有者权益
	big4	会计师事务所规模，样本企业由“四大”会计师事务所审计取 1，否则取 0
	fee	审计费用，审计收费的自然对数
	switch	审计师更换，本期与上期相比更换了会计师事务所的取 1，否则取 0
	dual	企业高层身兼二职，企业董事长是否兼任总经理，是取 0，否 1
	inde	独立董事所占比例，独立董事占董事会成员比例
	ownership	产权性质，国有企业取 1，非国有企业取 0
	ind	行业虚拟变量，行业按照 2012 版中国证券监督管理委员会行业分类代码，C 类精确到第二位，其余取大类第一位
PSM 方程变量	loss0	若企业本期期初处于亏损状态，取 1

控制变量借鉴前人的研究，控制了企业的固有特征，包括企业规模（size）、资产负债率（lev）、营利能力（gross）、企业成长性（mb）。此外，对以往研究表明对审计质量有显著影响的变量也进行了控制，包括以下几个方面。

（1）会计师事务所规模（big4）。以往研究多数认为“四大”会计师事务所以其更高的独立性、职业能力及承担风险的能力，具有更高的审计质量（Deangelo 1981，Becker et al. 1998，陈关亭和兰凌 2004，漆江娜等 2004）；但是也有部分研究认为“四大”会计师事务所在一些特殊情境下表现出更低的审计质量，或是认为会计师事务所规模对审计质量的影响不显著（Kim et al. 2003，方军雄等 2004，郭照蕊 2011）。

（2）审计费用（fee）。该变量对审计质量的影响方向和程度的结论呈现多样性，有的学者认为高审计费用意味着对审计师更高的激励，两者呈现正相关关系（Lobo and Zhao 2013，Rice and Weber 2012，Srinidhi and Gul 2007，Gul and Tsui 1997），也有学者认为高审计费用可能意味着管理层与审计师联合造假或者有审计意见购买行为的发生（曹琼等 2013，卢宁文 2012）。

（3）审计师更换（switch）。研究发现更换审计师是在收到了需要修正的审计意见（Lennox 2000）或是与审计人员存在报表修改的分歧时（Defond and Subramanyam 1998），管理层改选愿意“配合”实现自身利益的审计师，一定程度上意味着审计独立性受到损害，从而伴随审计质量下降。

（4）治理结构[变量有两个，即企业高层身兼二职（dual）和独立董事所占比例（inde）]。企业董事会的独立性越强，权力不那么集中时，意味着更严谨的治理和内控结构，能减少管理层对于审计师审计行为判断的干涉和扭曲（赵保卿和朱蝉飞 2009，

Chan et al. 2012）。

（5）在中国企业制度的特殊背景下，产权性质很可能也会对审计报告的改革效果产生不同程度的影响，因此设置产权性质（ownership）的虚拟变量。

考虑到行业效应对于审计报告改革效果的影响，设置行业虚拟变量（ind）来控制行业固定效应。

四、描述性统计与均值分析

根据研究需要，将实验组和控制组样本分实验期前和实验期后对主要变量进行描述性统计及横向均值和中位数差异分析，并在表2中呈现。

表2 描述性统计、横向均值与中位数分析

year=2015 年	（1）实验组			（2）控制组			（3）实验组-控制组	
	均值	标准差	中位数	均值	标准差	中位数	均值差及显著性	中位数差及显著性
da	−0.002	0.053	−0.006	0.001	0.077	0.002	−0.003	−0.008
ada	−0.004	0.053	−0.010	0.001	0.078	0	−0.005	−0.010
size	24.81	1.502	25.079	23.639	1.478	23.526	1.171***	1.553***
lev	0.571	0.171	0.609	0.515	0.192	0.547	0.056*	0.062
gross	0.121	0.104	0.093	0.125	0.088	0.102	−0.004	−0.009
mb	2.366	4.02	1.429	4.198	6.481	2.742	−1.832**	−1.313***
big4	0.612	0.491	1.000	0.317	0.468	0	0.295***	1.000***
fee	15.531	0.832	15.718	14.73	0.798	14.731	0.801***	0.987***
switch	0.030	0.171	0	0.077	0.268	0	−0.047	0
dual	0.866	0.344	1.000	0.856	0.353	1.000	0.010	0
inde	0.392	0.061	0.375	0.386	0.062	0.375	0.006	0
ownership	0.776	0.42	1.000	0.654	0.478	1.000	0.122*	0
N		67			104			

year=2016 年	（1）实验组			（2）控制组			（3）实验组-控制组	
	均值	标准差	中位数	均值	标准差	中位数	均值差及显著性	中位数差及显著性
da	−0.019	0.049	−0.024	0.003	0.082	−0.001	−0.022**	−0.023**
ada	−0.021	0.05	−0.024	0.004	0.084	0	−0.025**	−0.024**
size	24.903	1.488	25.162	23.92	1.416	23.725	0.983***	1.437***
lev	0.575	0.178	0.610	0.527	0.188	0.550	0.048	0.060
gross	0.114	0.102	0.086	0.121	0.083	0.090	−0.007	−0.004
mb	1.897	3.142	1.107	2.623	2.125	1.938	−0.726*	−0.831***
big4	0.612	0.491	1.000	0.317	0.468	0	0.295***	1.000***
fee	15.599	0.813	15.837	14.92	0.777	14.863	0.679***	0.974***
switch	0.075	0.265	0	0.125	0.332	0	−0.050	0
dual	0.896	0.308	1.000	0.817	0.388	1.000	0.079	0
inde	0.388	0.068	0.364	0.377	0.061	0.364	0.011	0
ownership	0.791	0.41	1.000	0.644	0.481	1.000	0.147**	0
N		67			104			

***、**、*分别表示显著性水平为 0.01、0.05、0.1

注：均值差为实验组的均值减去控制组的均值

由表2可以得出，经过PSM匹配后的实验组和控制组样本在改革之前的平均可操纵性应计利润（da和ada）及可操纵性应计利润的中位数均没有显著差异，而在改革之后，实验组的平均可操纵性应计利润和可操纵性应计利润的中位数均在0.05的水平上小于匹配之前和匹配之后的控制组，说明从描述性统计的结果中，初步显示使用新审计报告准则的企业相比没有使用新审计报告准则的企业，审计质量有显著的提升。

本文还检验了匹配之前和匹配之后实验组与控制组样本控制变量均值差的显著性，结果显示，匹配之前，实验组企业与同行业的控制组企业确实存在企业特征上的显著差异。通过PSM法对两组样本进行匹配之后，审计师更换（switch）、企业高层身兼二职（dual）、独立董事所占比例（inde）均不再有显著差异；资产负债率（lev）、企业成长性（mb）的差异显著性大幅度下降；企业规模（size）、审计费用（fee）的均值差的显著性减少。这说明PSM法匹配确实降低了两组样本企业特征的差异，提高了两组样本的可比性。

本文还对匹配后的两组样本进行了实验期前后均值的纵向分析（由于篇幅限制，该结果未在文中呈现）。对实验组而言，在实验期之后，da和ada的均值在0.1的水平上有显著的减少；而对于控制组，da和ada的均值在实验期前后均没有显著的变化。描述性统计初步支持了假设1a的成立。

在主要变量的相关性分析中（由于篇幅限制，该结果未在文中呈现），da和ada的相关系数高达0.992，且在0.01水平上显著，说明应计盈余管理水平的指标具有较好的一致性。交乘项change×after与应计盈余管理指标间的相关系数均在0.05的水平上显著为负值，但由于这一结果不能排除内生性原因，更严谨的分析将在回归结果呈现。

由于篇幅限制，本文没有列示匹配效果比较表、纵向均值分析表和相关系数表。

五、回归结果分析

表3列示了经PSM法进行匹配前和匹配后的样本分别进行的DID模型[模型（4）]回归结果。

表3 模型（4）回归结果

变量	da		ada	
	（1） 同行业匹配前样本组	（2） PSM 样本	（3） 同行业匹配前样本组	（4） PSM 样本
change	−0.008	−0.002	−0.010	−0.003
	（−0.85）	（−0.16）	（−1.09）	（−0.36）
after	−0.004	−0.003	−0.004	−0.002
	（−1.45）	（−0.60）	（−1.66）	（−0.47）
change×after	−0.013**	−0.016**	−0.014**	−0.017**
	（−2.64）	（−2.48）	（−2.63）	（−2.60）

续表

变量	da		ada	
	（1）同行业匹配前样本组	（2）PSM 样本	（3）同行业匹配前样本组	（4）PSM 样本
size	0.018***	0.010***	0.019***	0.009**
	（6.25）	（3.61）	（6.63）	（2.69）
lev	−0.065***	−0.061	−0.063***	−0.051
	（−3.50）	（−1.65）	（−3.28）	（−1.26）
gross	0.040	−0.093*	0.051*	−0.068
	（1.51）	（−1.90）	（1.90）	（−1.49）
mb	0	−0.003***	0	−0.002***
	（0.46）	（−4.95）	（0.37）	（−3.68）
big4	−0.012**	−0.005	−0.014**	−0.006
	（−2.96）	（−0.58）	（−3.18）	（−0.85）
fee	−0.015***	−0.008	−0.014***	−0.006
	（−4.85）	（−1.63）	（−4.65）	（−1.07）
switch	0.004	0.007	0.005	0.009
	（0.61）	（0.56）	（0.80）	（0.61）
dual	−0.001	−0.005	−0.001	−0
	（−0.53）	（−0.44）	（−0.28）	（−0.03）
inde	−0.032	0.022	−0.033	0.023
	（−1.46）	（0.18）	（−1.51）	（0.18）
ownership	−0.008***	−0.014	−0.010***	−0.015
	（−3.28）	（−1.78）	（−3.61）	（−1.72）
ind	控制	控制	控制	控制
截距项	−0.161**	−0.085	−0.186**	−0.104*
	（−2.56）	（−1.62）	（−2.95）	（−1.95）
调整的 R^2	0.038	0.062	0.040	0.053
N	4 204	342	4 204	342

***、**、*分别表示显著性水平为 0.01、0.05、0.1

注：括号内的数字为以行业聚类稳健的标准差计算的 t 值

表3的回归结果显示，使用匹配前的同行业全样本控制组（1）和实验组（3），无论是在使用da还是使用ada表示审计质量的回归中，交乘项的系数均在0.05的水平上显著为负值，但是，由于实验组和未经PSM法匹配的控制组存在较大的内在企业特征差异，这一回归结果尚不能有力支持我们得出结论。因此，进一步使用经PSM法匹配得到的更加具有可比性的样本进行的回归，结果同样显示，在以da和ada为因变量的回归中，交乘项系数也均在0.05的水平上显著为负值，为假设1a的成立提供了有力支持。至此，实证回归结果说明，相较于未施行改革的企业，实施了审计报告改革的企业的应计盈余管理程度有显著的降低，在应计盈余管理表示的审计质量上有显著的提高，审计报告改革初步取得了积极的效果。

六、稳健性检验

为了避免模型结果的偶然性，降低结论出错的风险，本文接下来分为两个部分对实证部分得出的结论进行稳健性检验。

（一）替换因变量的稳健性检验

Dechow等（1994）认为，截面Jones模型和截面修正的Jones模型在业绩极端的样本中计算可操纵性应计利润可能存在一定偏误，因此使用Kothari等（2005）提出的经业绩调整后的截面Jones模型和截面修正的Jones模型计算出的可操纵性应计利润来替换原模型中的因变量da和ada对研究结论进行稳健性检验。

具体的计算模型如下。

1）经业绩调整的截面Jones模型

$$\frac{ACCR_{i,t}}{TA_{i,t-1}}=\alpha_1\frac{1}{TA_{i,t-1}}+\alpha_2\frac{\Delta REV_{i,t}}{TA_{i,t-1}}+\alpha_3\frac{PPE_{i,t}}{TA_{i,t-1}}+\alpha_4 ROA_{i,t}+\varepsilon_{i,t} \tag{5}$$

2）经业绩调整的截面修正的Jones模型

$$\frac{ACCR_{i,t}}{TA_{i,t-1}}=\alpha_1\frac{1}{TA_{i,t-1}}+\alpha_2\frac{\Delta REV_{i,t}-\Delta REC_{i,t}}{TA_{i,t-1}}+\alpha_3\frac{PPE_{i,t}}{TA_{i,t-1}}+\alpha_4 ROA_{i,t}+\varepsilon_{i,t} \tag{6}$$

其中，ROA为总资产报酬率，由净利润除以本期与上期资产均值得到；其余变量的定义与模型（1）和模型（2）一致。回归得到的拟合值为应计利润的正常部分，用应计利润的真实值减去正常值即得到模型（5）和模型（6）计算出的可操纵性应计利润部分，表示为dap和adap。

Kothari等（2005）的研究认为通过业绩匹配的盈余管理模型会优于直接将表示业绩的变量放在回归方程中进行回归得出的结果。参照Kothari等（2005）的研究，本文在替换因变量的同时，在模型（3）的基础上去掉了原模型中暗示业绩的变量营利能力指标（gross），得到稳健性检验模型。

由于实验组企业的非随机性，我们认为，使用PSM法控制了两组样本内在特征差异和可比性之后所进行的DID模型回归结果是更加可靠的，因此对PSM样本的回归结果进行稳健性检验。表4列示了替换因变量对PSM样本回归进行稳健性检验的结果。

表4 替换因变量对PSM样本回归进行稳健性检验的结果

变量	dap	adap
change	0.005	0.004
	（0.47）	（0.40）
after	0.004	0.004
	（1.11）	（0.94）

续表

变量	dap	adap
change×after	−0.016**	−0.017**
	(−2.37)	(−2.72)
控制变量	控制	控制
ind	控制	控制
截距项	−0.088	−0.104
	(−1.28)	(−1.50)
调整的 R^2	0.008	0.015
N	342	342

**表示显著性水平为 0.05

注：括号内的数字为以行业聚类的 *t* 值

表4结果显示，在以dap和adap为因变量的回归中，交乘项系数均在0.05的水平上显著为负值，与表3PSM样本回归的结果相同，证明了审计报告改革显著提高了改革企业的审计质量这一结论的稳健性。

（二）安慰剂检验

本部分的稳健性检验采用安慰剂检验，本文参考田利辉和王可第（2017）研究社会责任信息披露制度的改革对于上市企业崩盘风险的影响中稳健性检验的方法，人为地将改革时间及实验期进行调整。基本的检验思想是，如果审计质量的提高是审计报告的改革执行而不是其他的外界因素导致的，那么更改政策执行的时间后，DID模型的估计结果将不再成立。为此，我们将审计报告改革时间人为地向前调整1期，使实验的整个样本区间落在真实的实验开始之前，样本取值区间变为2014~2015年，其余的模型设定和处理不变，然后检验新的DID-PSM模型的估计结果，如表5所示。

表5　安慰剂检验结果

变量	dap	adap
change	−0.020***	−0.021***
	(−6.86)	(−6.72)
after	−0.016*	−0.017*
	(−1.92)	(−2.03)
change×after	0.018	0.018
	(1.33)	(1.36)
控制变量	控制	控制
ind	控制	控制
截距项	−0.120	−0.137*
	(−1.65)	(−1.96)
调整的 R^2	0.050	0.050
N	322	322

***、*分别表示显著性水平为 0.01、0.1

注：括号内的数字为以行业聚类的 *t* 值

表5结果显示，交乘项的系数都不再显著，系数也由负值变为正值，说明本文研究结论的稳健性。

七、进一步探究

这次审计报告改革于2018年1月1日起由A+H股企业扩大到所有被审计单位，因此，我们进一步探究了该次审计报告改革的扩张对于2017年年报审计初次使用新审计报告准则的企业的审计质量影响。截至2018年6月初，根据本文第三部分"研究设计"部分的样本筛选规则，首先得到具有完整研究数据的1 982家A股（包括A+H）企业，其中在2016年年报审计施行了改革的企业有63家。在接下来的实证检验中，实验组变为2017年年报审计首次使用新审计报告准则的A股企业，控制组则为在2016年年报审计时就开始使用新审计报告准则的A+H股企业；实验期前为2016年，实验期后则为2017年，其余的变量界定及模型与前文保持一致。

我们使用与正文实证部分相同的DID-PSM模型思路，对于新实验组和新控制组的企业进行了匹配，得到匹配后的控制组包含87家A股企业，若审计报告改革对于审计质量的提高作用在改革扩张之后依旧成立，那么预期相对于新控制组，新实验组2017年的应计盈余管理应当有显著的降低。因为控制组在2016年和2017年年报审计中都使用了新审计报告准则，这两年审计质量的变化幅度应相对平稳。

表6列示了新实验组和经PSM法匹配前后的新控制组样本的模型（4）回归结果。

表6 2017年进一步研究的样本模型（4）回归结果

变量	da		ada	
	（1） 同行业匹配前样本组	（2） PSM 样本	（3） 同行业匹配前样本组	（4） PSM 样本
change	0.023**	0.017	0.027**	0.022
	（2.45）	（1.01）	（2.91）	（1.29）
after	0.017**	0.018**	0.018**	0.019**
	（2.77）	（2.57）	（3.08）	（2.76）
change×after	−0.012	−0.029**	−0.012	−0.031**
	（−1.39）	（−2.80）	（−1.50）	（−3.25）
size	0.018***	0.006	0.019***	0.005
	（10.83）	（0.91）	（14.30）	（0.71）
lev	−0.041**	−0.082*	−0.036*	−0.072
	（−2.71）	（−1.95）	（−2.22）	（−1.58）
gross	0.023	−0.028	0.038	0.005
	（0.76）	（−0.56）	（1.42）	（0.10）
mb	0.001***	−0.005*	0.001***	−0.005*
	（4.72）	（−2.22）	（4.51）	（−2.26）

续表

变量	da		ada	
	（1） 同行业匹配前样本组	（2） PSM 样本	（3） 同行业匹配前样本组	（4） PSM 样本
big4	−0.018**	−0.007	−0.020**	−0.008
	（−2.89）	（−0.50）	（−2.90）	（−0.68）
fee	−0.011***	−0.009	−0.011**	−0.006
	（−3.49）	（−0.71）	（−3.15）	（−0.48）
switch	0.004	0.012	0.006	0.013
	（0.82）	（0.61）	（0.88）	（0.66）
dual	−0.002	0.014	−0.001	0.015
	（−0.71）	（1.73）	（−0.49）	（1.62）
inde	−0.026	0.103	−0.030	0.117
	（−0.77）	（1.16）	（−0.86）	（1.32）
ownership	−0.012***	−0.016	−0.015***	−0.018
	（−5.03）	（−1.67）	（−5.52）	（−1.63）
ind	控制	控制	控制	控制
截距项	−0.251***	−0.021	−0.293***	−0.048
	（−4.17）	（−0.74）	（−5.15）	（−1.66）
调整的 R^2	0.038	0.062	0.040	0.053
N	3 964	300	3 964	300

***、**、*分别表示显著性水平为 0.01、0.05、0.1

注：括号内的数字为以行业聚类稳健的标准差计算的 t 值

表6结果表明，同行业匹配前样本在以da和ada为因变量的回归中，交乘项系数虽然为负值但是不显著，说明对于多数A股企业而言，审计报告的改革虽然在一定程度上降低了应计盈余管理，但是这一降低程度并不明显，就全体A股企业而言，改革进一步扩张对审计质量的影响效果并不显著。但是，经过PSM法匹配后的样本回归结果，交乘项均在0.05的水平上显著为负值，说明至少对于和A+H股企业有着相似的内在特质的纯A股企业，审计报告的改革对其审计质量是有显著提高的。因此，尽管研究显示，审计报告的改革在第一年的扩张实施中对于审计质量的提高作用确实有限，但是对于和A+H股企业相似的业绩优良的企业而言，有显著提高的作用。

进一步剖析审计报告改革扩张对于PSM样本中不同性质企业的影响，结果由表7列示。

表7　区分国有企业和非国有企业的回归结果（PSM样本）

变量	da		ada	
	国有企业	非国有企业	国有企业	非国有企业
change	0.033**	−0.015	0.038***	−0.018
	（2.42）	（−0.47）	（2.66）	（−0.52）
after	0.017**	0.016	0.018**	0.014
	（2.11）	（0.44）	（2.29）	（0.37）
change×after	−0.029*	−0.028	−0.031**	−0.025
	（−1.85）	（−0.66）	（−2.01）	（−0.55）

续表

变量	da		ada	
	国有企业	非国有企业	国有企业	非国有企业
size	0.002	0.026	0.001	0.026
	(0.31)	(1.33)	(0.09)	(1.27)
lev	−0.056*	−0.209	−0.051	−0.162
	(−1.83)	(−1.65)	(−1.63)	(−1.28)
gross	−0.086	−0.088	−0.048	−0.052
	(−1.01)	(−0.52)	(−0.58)	(−0.28)
mb	−0	−0.010*	−0.001	−0.009
	(−0.05)	(−1.76)	(−0.30)	(−1.57)
big4	−0.002	−0.020	−0.004	−0.027
	(−0.24)	(−0.78)	(−0.40)	(−1.02)
fee	0.002	−0.026	0.005	−0.027
	(0.20)	(−0.95)	(0.42)	(−1.01)
switch	0.012	0.078**	0.014	0.084**
	(0.67)	(2.37)	(0.75)	(2.56)
dual	−0.009	0.034*	−0.008	0.035*
	(−0.69)	(1.86)	(−0.65)	(1.81)
inde	0.023	0.093	0.027	0.136
	(0.33)	(0.46)	(0.37)	(0.61)
ownership	−0.012***	−0.016	−0.015***	−0.018
	(−5.03)	(−1.67)	(−5.52)	(−1.63)
ind	控制	控制	控制	控制
截距项	−0.081	−0.133	−0.093	−0.164
	(−0.76)	(−0.40)	(−0.85)	(−0.50)
调整的 R^2	−0.007	0.253	0.017	0.273
N	218	82	218	82

***、**、*分别表示显著性水平为 0.01、0.05、0.1

注：括号内的数字为以行业聚类稳健的标准差计算的 t 值

表7结果显示，对于匹配样本中的国有A股企业而言，审计报告改革在0.1和0.05的水平上显著提高了这类企业的审计质量。非国有企业的应计盈余管理也有所降低，但是并不显著，说明审计报告改革的进一步扩张对于审计质量提高作用的局限性主要集中在非国有企业中。

对表6得出的结论同样进行替换因变量及安慰剂检验，结果均证明了回归结果的稳健性。

表6和表7的结论表明，审计报告改革在全体A股企业进一步扩张实施后，对于和A+H股企业有类似企业特质的A股企业及国有A股企业的审计质量都有显著的提高，说明审计报告改革的进一步扩张取得了一定的成效，但是改革的效果依旧存在局限性，对于非国有A股企业审计质量的提高效应并不显著。

八、研究结论与启示

（一）结论与启示

本文通过DID-PSM模型，分别对改革后审计报告首次在A+H股企业2016年年度审计的试点执行及在A股企业2017年年度审计的正式执行取得的数据进行实证回归分析，发现审计报告改革的首次实施对应计盈余管理具有显著的抑制作用，从而对应计盈余管理表示的审计质量有显著的提高；在进一步扩张到所有A股企业后，改革对于和A+H股企业有类似企业特质的A股企业及国有A股企业的审计质量提高作用显著，但是对非国有A股企业审计质量的提高作用不显著，说明改革效果并不乐观，依旧存在一定的局限性，依旧存在需要调整和改进的部分。

（二）研究不足与展望

本文的研究主要存在以下一些不足：①本文使用的应计盈余管理计算模型，可能存在一定的计量误差，进而会对本文中的结论产生一定的影响。②首次改革的对象仅局限于A+H股企业，因此实验组的样本含量比较有限，尽管本文采用了PSM法匹配的方式来克服潜在的内生性问题，实验组较少的样本数量也可能会对研究结果产生一定影响。③在进一步探究审计报告改革扩张到所有A股企业对于审计质量的影响部分，本文只发现了改革在国有A股企业或与A+H股企业有类似特质的A股企业中效果较为显著，在非国有企业中的效果具有局限性的现象，而没有进一步发掘研究改革在非国有企业中对审计质量提高存在局限性的原因。对于这一部分的研究将会作为今后进一步考察的方向，以使改革政策制定者和监管者有的放矢地对于改革的实施效果进行及时的调整和改进。

参 考 文 献

曹琼，卜华，杨玉凤，等. 2013. 盈余管理、审计费用与审计意见. 审计研究，（6）：76-83.

陈朝龙，李军辉. 2013. 会计事务所规模对上市公司审计质量的影响——基于国有企业与非国有企业盈余管理视角. 软科学，（27）：116-122.

陈关亭，兰凌. 2004. 操控性应计利润审计质量的实证比较. 审计与经济研究，19（4）：16-19.

方军雄，洪剑峭，李若山. 2004. 我国上市公司审计质量影响因素研究：发现和启示. 审计研究，（6）：35-43.

郭照蕊. 2011. 国际四大与高审计质量——来自中国证券市场的证据. 审计研究，（1）：98-107.

阚京华. 2017. 国际审计与鉴证准则理事会审计报告模式变革特征及启示. 南京审计大学学报，（2）：58-66.

刘建民，唐红李，吴金光. 2017. 营改增全面实施对企业盈利能力、投资与专业化分工的影响效应——基于湖南省上市公司 PSM-DID 模型的分析. 财政研究，（12）：75-88.
卢宁文. 2012. 审计质量形成机理的博弈均衡分析. 审计与经济研究，（27）：42-48.
毛丽娟，朱铁琳. 2015. 审计质量、财务重述与审计机构变更——来自中国主板上市公司的经验证据.当代会计评论，（12）：61-82.
漆江娜，陈慧霖，张阳. 2004. 事务所规模・品牌・价格与审计质量——国际“四大”中国审计市场收费与质量研究. 审计研究，（3）：59-65.
冉明东，徐耀珍. 2017. 注册会计师审计报告改进研究——基于我国审计报告改革试点样本的分析. 审计研究，（5）：62-69.
唐建华. 2015. 国际审计与鉴证准则理事会审计报告改革评析. 审计研究，（1）：60-66.
田利辉，王可第. 2017. 社会责任信息披露的“掩饰效应”和上市公司崩盘风险术—— 来自中国股票市场的 DID-PSM 分析. 管理世界，（11）：146-157.
王慧. 2017. 注册会计师审计报告模式改革及国际比较. 财会月刊，（13）：125-128.
王艳艳，许锐，王成龙，等. 2018. 关键审计事项段能够提高审计报告的沟通价值吗？会计研究，（6）：86-93.
汪怡杉，胡本源. 2017. 新审计报告准则实施情况分析与研究. 中国内部审计，（6）：82-87.
吴青川，鄢志娟，张烨. 2015. 风险导向审计准则对审计质量影响的实证研究. 现代管理科学，（3）：100-102.
夏立军. 2002. 国外盈余管理计量方法述评. 外国经济与管理，（24）：35-40.
许磊. 2017. 审计报告系列准则最新修订分析与解读. 新会计，（3）：24-26.
张继勋，蔡闫东，刘文欢. 2016. 标准审计报告改进、管理层和审计人员的关系与管理层沟通意愿——一项实验证据. 审计研究，（3）：77-83.
张继勋，韩冬梅. 2014. 标准审计报告改进与投资者感知的相关性、有用性及投资决策.审计研究，（3）：51-59.
张龙平. 1994. 试论我国注册会计师审计质量控制标准的建设. 中国注册会计师，（8）：21-27.
赵保卿，朱蝉飞. 2009. 注册会计师审计质量控制的博弈分析. 会计研究，（4）：87-93.
左锐，文静，刘少锋. 2017. 我国新审计报告准则实施情况研究—— 基于 2016 年年度审计报告的数据分析. 中国注册会计师，（10）：71-74.
Alicke M D，Buckingham J，Zell E，et al. 2008. Culpable control and counterfactual reasoning in the psychology of blame. Personality & Social Psychology Bulletin，34（10）：1371-1381.
Backof A G，Bowlin K，Goodson B M. 2014-06-06. The importance of clarification of auditors' responsibilities under the new audit reporting standards. https://papers.ssrn.com/sol3/papers.cfm?abstract_id=2446057.
Barth M，Landsman W，Lang M. 2008. International accounting standards and accounting quality. Journal of Accounting Research，46（3）：467-498.
Barth M，Landsman W，Lang M，et al. 2012. Are IFRS-based and US GAAP-based accounting amounts comparable? Journal of Accounting and Economics，54（1）：68-93.
Bartov E，Gul F A，Tsui J S L. 2004. Discretionary-accruals models and audit qualifications. Journal of Accounting & Economics，30（3）：421-452.
Becker C L，Defond M J，Jiambalvo J. 1998. The effect of audit quality on earnings management. Contemporary Accounting Research，15（1）：1-24.
Blay A D，Notbohm M，Schelleman C，et al. 2015. Audit quality effects of an individual audit engagement partner signature mandate. International Journal of Auditing，18（3）：172-192.
Bradbury M E. 2018-05-05. Auditor，client，and investor consequences of the enhanced auditor's report. https://papers.ssrn.com/sol3/papers.cfm?abstract_id=3165267.

Brasel K，Doxey M，Grenier J H，et al. 2016. Risk disclosure preceding negative outcomes：the effects of reporting critical audit matters on judgments of auditor liability. The Accounting Review，91：1345-1362.

Carcello J V C，Li C. 2013. Costs and benefits of requiring an engagement partner signature：recent experience in the United Kingdom. The Accounting Review，88（5）：1511-1546.

Chan L H，Chen K C W，Chen T Y，et al. 2012. The effects of firm-initiated clawback provisions on earnings quality and auditor behavior. Journal of Accounting & Economics，54（2~3）：180-196.

Chen S M，Sun Y J，Wu D H. 2010. Client importance，institutional improvements，and audit quality in China：an office and individual auditor level analysis. The Accounting Review，85（1）：127-158.

Christensen B E，Glover S M，Wolfe C J. 2014. Do critical audit matter paragraphs in the audit report change nonprofessional investors' decision to invest? Auditing A Journal of Practice & Theory，33（4）：71-93.

Deangelo L E. 1981. Auditor size and audit quality. Journal of Accounting & Economics，3（3）：183-199.

Dechow P M，Sloan R G，Hutton A P. 1994. Detecting earnings management. The Accounting Review，70（2）：193-225.

Dechow P，Ge W，Larson C，et al. 2011. Predicting material accounting misstatements. Contemporary Accounting Research，28（1）：17-82.

Defond M L，Subramanyam K R. 1998. Auditor changes and discretionary accruals. Journal of Accounting & Economics，25（1）：35-67.

Defond M L，Zhang J. 2014. A review of archival auditing research. Journal of Accounting and Economics，58（2~3）：275-326.

Defond M，Hung M，Trezevant R. 2007. Investor protection and the information content of annual earnings announcements：international evidence. Journal of Accounting and Economics，43（1）：37-67.

Deloitte. 2013-10-31. A new beginning-annual report insights 2013. https://www.iasplus.com/en-gb/publications/uk/other/annual-report-insights-2013.

Doxey M. 2012-11-28. The effects of auditor disclosures regarding management estimates on financial statement users' perceptions and investments[J]. https://papers.ssrn.com/sol3/papers.cfm?abstract_id=2181624.

Draeger M，Herrmann D，Lawson B P. 2016. Changes in audit quality under auditing standard No. 5. Accounting & the Public Interest，16（1）：75-83.

Ernst & Young. 2016. Enhanced auditor's reporting：assurance–special edition. Working Paper.

Ettredge M，Fuerherm E，Chan L. 2014. Fee pressure and audit quality. Accounting，Organizations and Society，39（4）：247-263.

Francis J，Lafond R，Olsson P，et al. 2005. The marketing pricing of accruals quality. Journal of Accounting and Economics，39（2）：295-327.

Francis J R，Wang D. 2008. The joint effect of investor protection and big 4 audits on earnings quality around the world. Contemporary Accounting Research，25（1）：157-191.

Frankel R，Johnson M，Nelson K. 2002. The relation between auditors' fees for nonaudit services and earnings management. The Accounting Review，77（4）：71-105.

Fung M，Raman K K，Zhu X D. 2017. Does the PCAOB international inspection program improve audit quality for non-US-listed foreign clients? Journal of Accounting and Economics，64（1）：15-36.

Gimbar C，Hansen B，Ozlanski M E. 2016. The effects of critical audit matter paragraphs and accounting standard precision on auditor liability. The Accounting Review，91（6）：1629-1646.

Guay W，Kothari S，Watts R. 1996. A market-based evaluation of discretionary accrual models. Journal of Accounting Research，34（3）：83-105.

Gul F A，Tsui J S L .1997. A test of the free cash flow and debt monitoring hypotheses：evidence from audit pricing. Journal of Accounting and Economics，24（2）：219-237.

Gul F，Fung S，Jaggi B. 2009. Earnings quality：some evidence on the role of auditor tenure and auditors' industry expertise. Journal of Accounting and Economics，47（3）：265-287.

Gutierrez E，Minutti-Meza M，Tatum K W，et al. 2018. Consequences of adopting an expanded auditor's report in the United Kingdom. Review of Accounting Studies，23（4）：1543-1587.

Humphrey C，Loft A，Woods M. 2009. The global audit profession and the international financial architecture：understanding regulatory relationships at a time of financial crisis. Accounting，Organizations and Society，34（6~7）：810-825.

IAASB. 2013-07-25. Reporting on audited financial statements：proposed new and revised International Standards on Auditing（ISAs）. https://www.iaasb.org/publications/reporting-audited-financial-statements-proposed-new-and- revised-international-standards-auditing.

IAASB. 2015-01-15. Reporting on audited financial statements： new and revised auditor reporting standards and related confirming amendments. https://www.iaasb.org/publications/reporting-audited-financial-statements-new-and-revised- auditor-reporting-standards-and-related-11.

Kachelmeier S J，Schmidt J J，Valentine K. 2014-09-14. Do critical audit matter disclosures protect auditors by forewarning users of misstatement risk? https://papers.ssrn.com/sol3/papers.cfm?abstract_id=2838162.

Kim J B，Chung R，Firth M. 2003. Auditor conservatism，asymmetric monitoring，and earnings management. Contemporary Accounting Research，20（2）：323-359.

Kohler A G，Quick R，Willekens M. 2016. The new european audit regulation arena：discussion of new rules and ideas for future research. International Journal of Auditing，20（3）：211-214.

Köhler A，Ratzinger-Sakel N V S，Theis J. 2016-09-14. The effects of key audit matters on the auditor's report's communicative value：experimental evidence from investment professionals and non-professional investors. https://papers.ssrn.com/sol3/papers.cfm?abstract_id=2838162.

Kothari S P，Leone A，Wasley C. 2005. Performance matched discretionary accrual measures. Journal of Accounting and Economics，39（1）：163-197.

Krishnan J，Krishnan J，Song H. 2017. PCAOB international inspections and audit quality. The Accounting Review，92（5）：143-166.

Lennox C S . 2000. Do companies successfully engage in opinion-shopping? Evidence from the UK. Journal of Accounting and Economics，29（3）：321-337.

Lennox C S，Schmidt J J，Thompson A. 2015-06-19. Are expanded audit reports informative to investors? Evidence from the U.K.. https://papers.ssrn.com/sol3/papers.cfm?abstract_id=2619785.

Lennox C S，Wu X，Zhang T Y. 2016. The Effect of audit adjustments on earnings quality：evidence from China. Journal of Accounting and Economics，61（2）：545-562.

Lian Y，Zhi S，Gu Y. 2011. Evaluating the effects of equity incentives using PSM：evidence from China. Frontiers of Business Research in China，5（2）：266-290.

Lobo Y，Zhao Y P. 2013. Relation between audit effort and financial report misstatements：evidence from quarterly and annual restatements. The Accounting Review，88（4）：1385-1412.

PCAOB. 2011-06-21. Concept release on possible revisions to PCAOB standards related to reports on audited financial statements and related amendments to PCAOB standards. https://pcaobus.org/News/Speech/Pages/06212011_HarrisStatement.aspx.

PCAOB. 2017-06-01. The auditor's report on an audit of financial statements when the auditor expresses an unqualified opinion and related amendments to PCAOB standards. https://pcaobus.org//standards/auditing/pages/as3101.aspx.

Peecher M E，Solomon I，Trotman K T. 2013. An accountability framework for financial statement auditors and related research questions. Accounting Organizations & Society，38（8）：596-620.

Reid L C, Carcello J V, Li C, et al. 2015-08-21. Impact of auditor and audit committee report changes on audit quality and costs: evidence from the United Kingdom. https://papers.ssrn.com/sol3/papers.cfm?abstract_id=2647507.

Rice S C, Weber D. 2012. How effective is internal control reporting under SOX 404? Determinants of the (non-) disclosure of existing material weakness. Journal of Accounting Research, 50 (3): 811-843.

Roychowdhury S. 2006. Earnings management through real activities manipulation. Journal of Accounting and Economics, 42: 335-370.

Schneider A, Church B K. 2008.The effect of auditors' internal control opinions on loan decisions. Journal of Accounting & Public Policy, 27 (1): 10-18.

Sirois L, Bédard J, Bera P. 2018. The informational value of key audit matters in the auditor's report: evidence from an eye-tracking study. Accounting Horizons, 32 (2): 141-162.

Srinidhi B N, Gul F A. 2007. The differential effects of auditors'nonaudit and audit fees on accrual quality. Contemporary Accounting Research, 24 (2): 595-629.

Stanley J D, Dezoort F T. 2007. Audit firm tenure and financial restatements: an analysis of industry specialization and fee effects. Journal of Accounting & Public Policy, 26 (2): 131-159.

Wang D, Zhou J. 2012. The Impact of PCAOB auditing standard No. 5 on audit fees and audit quality. Accounting Horizons, 26 (3): 493-511.

Wells Fargo. 2016. Comment letter on PCAOB Release No. 2016-003. Rulemaking Docket Matter No. 34.

Xu Y, Carson E, Fargher N, et al. 2013. Responses by Australian auditors to the global financial crisis. Accounting and Finance, 53 (1): 301-338.

Audit Report Reforms and Audit Quality in China

Jinruo Zhang[1] and Yadan Liu[2]

1. School of Economics and Business Administration of Chongqing, Chongqing University, Chongqing, China 400030

2. Fudan University, Shanghai, China 200433

Abstract: Based on the annual reports of A- and H-share cross-listed enterprises and a matched sample of enterprises in 2015-2016 and using the difference-in-difference (DID) and properpensity score matching (PSM) methods, this paper examines the impact of the initial implementation of the set of 12 new audit reporting standards contained in "Auditing Standards for Chinese Certified Public Accountants No. 1504—Communications of Critical Audit Matters in the Audit Report" (hereinafter, referred to as the new audit reporting standards), which were issued at the end of 2016, on audit quality as measured by accrual earnings management. In addition, we use the latest 2017 annual reports to further analyze the impact of subsequent implementation of the reforms on audit quality. We find that the initial implementation of the reforms significantly inhibits accrual earnings management, indicating significant improvement in audit quality and initial success of the reforms. Nevertheless, after the reforms are subsequently implemented to all A-share enterprises, we find differential effects of the reforms on state-owned and non-state-owned enterprises. Specifically, state-owned A-share enterprises like those A- and H-share cross-listed enterprises sharing similar firm characteristics experience significantly improvement in audit quality, whereas non-state-owned A-share enterprises experience little improvement. These results are robust to different measures of audit quality and effective reform dates and suggest that the reforms do not have an across-the-board effect on all listed enterprises.

Keywords: audit report reform; audit quality; accrual earnings management; DID-PSM method.

当代会计评论
第12卷第3辑
2019年

Contemporary Accounting Review
Vol.12 No.3
2019

审计委员会召集人特征、CEO权力与公司盈余信息质量*

余玉苗　孙迪　潘珺
（武汉大学经济与管理学院，湖北 武汉 430072）

【摘要】 本文利用沪深主板上市公司 2008~2017 年的数据，综合专业性和影响力两大能力特征度量审计委员会召集人能力，实证考察召集人能力特征对盈余信息质量的影响。研究发现，综合能力高的召集人能显著抑制公司盈余管理水平。而随着 CEO（chief executive officer，首席执行官）权力的增大，召集人综合能力对公司盈余管理水平的抑制效果会被削弱。进一步研究发现，召集人的专业性和公司地位可显著提高盈余信息质量，且召集人的专业性对盈余信息质量的监督作用不会受到 CEO 权力的制约。本文的研究丰富了审计委员会召集人特征方面的文献，同时也有助于为上市公司及监管机构进一步优化审计委员会召集人的任职资格，以及为公司董事会合理配置 CEO 权力提供理论依据和政策参考。

【关键词】 审计委员会　召集人特征　召集人的专业性　CEO 权力　盈余信息质量

一、引　　言

财务报告质量尤其是盈余信息质量对投资者等财务报告使用者做出适当的投资决策具有重要的价值，但公司管理层基于管理报酬、债务契约、政治成本等动机，往往会实施盈余管理行为，导致盈余信息质量受损（龚启辉等 2015，顾鸣润等 2016）。在各国公司治理立法与实践中，审计委员会制度都作为监督公司财务报告过程、提高财务报告质量的一项重要的制度安排（谌嘉席和王立彦 2012，谢德仁和汤晓燕 2012，罗进

---

* 余玉苗，教授，博士生导师，E-mail：yymiao2006@163.com；孙迪，博士研究生，E-mail：sdzd33@163.com；潘珺，博士研究生，E-mail：873610624@qq.com。本文受到国家自然科学基金项目“审计契约压力传导对审计质量的影响及契约参与方应对策略研究”（71672131）、“审计投入对审计质量的影响、作用机理与经济后果研究”（71902147）的资助。

辉等 2016)。美国国会2002年通过的《萨班斯-奥克斯利法案》及此后SEC(The U.S. Securities and Exchange Commission,美国证券交易委员会)、PCAOB(Public Company Accounting Oversight Board,美国公众公司会计监督委员会)等监管机构制定的相关规则均对审计委员会职责、成员的任职条件做出强制性规定。中国证券监督管理委员会(以下简称证监会)2002年发布的《上市公司治理准则》也对审计委员会的设立及职责做了初步规范;2007年,证监会又进一步明确要求上市公司必须在年报中披露审计委员会的履职情况,旨在提升审计委员会的治理绩效。

然而,审计委员会的履职情况及对公司盈余信息质量的监督有效性在很大程度上取决于审计委员会召集人所发挥的作用。实务中,召集人负责组织和主持审计委员会会议,协调审计委员会各项职责的实施,是内部交流、对外沟通,以及发表独立、专业意见时的关键人物,在审计委员会中扮演着核心角色,承担着更重要的监督责任(潘珺和余玉苗 2017,Cassell et al. 2018)。Schmidt和Wilkins(2013)发现,审计委员会成员的会计技能缩短了企业重述报表的时间,当召集人本身是一位会计专业人士时,这种影响更为显著。Lisic等(2019)指出,在会计专业人士担任召集人的情形下,审计师对公司内部控制发表非标准审计意见的可能性上升,且此后被辞聘的可能性降低。如果召集人更为专业,如其是一名会计专家,同时更为独立(任公司独立董事的时间比公司现任CEO要早),审计委员会其他成员即使独立性不强,对公司财务报告质量的不利影响也可以得到较大缓解(Cassell et al. 2018)。公司治理实践和上述研究成果说明,召集人的专业性和影响力等能力特征对审计委员会实现治理目标具有独特作用。

鉴于召集人在审计委员会治理过程中的重要地位,2018年,证监会在新修订颁布的《上市公司治理准则》中特别对召集人的任职资格做出更明确的规定,强调审计委员会召集人必须由是会计专业人士的独立董事担任[①]。此举表明,监管方开始高度关注召集人能力特征对审计委员会治理绩效的影响。

已有国内外文献主要从审计委员会的总体特征,如规模、独立性、专业性、社会网络等方面,研究其与审计委员会监督盈余信息质量间的关系,却鲜有文献对召集人的专业性和影响力等能力特征在审计委员会治理过程中的独特作用进行专门的研究。作为独立董事的召集人不直接参与公司经营管理,为了有效履职,其就必须具备充分的会计专业知识以识别、获取公司真实的、充分的财务信息,而且召集人还必须拥有足够的声誉和地位,使其在与公司高管或外部审计师沟通时能得到充分的尊重和配合。由此可见,专业性和影响力是召集人硬能力和软能力的重要体现。但是,权力较大的CEO可能会向审计委员会提供较少的或质量较差的信息,兼任董事长的CEO甚至还会直接决定审计委员会成员或召集人的提名,干预审计委员会的监督工作,进而削弱审计委员会的治理绩效。

为揭示召集人能力特征对公司盈余信息质量的影响,进一步考察CEO权力是否会抑制召集人能力的作用发挥,本文利用沪深主板上市公司2008~2017年的数据,从召集人综合能力和CEO权力调节效应两方面对召集人的实际履职效果进行实证研究。结果表

① 证监会 2002 年发布的《上市公司治理准则》只是做出规定,审计委员会成员中至少应有一名独立董事是会计专业人士,而未对召集人的任职专业背景提出明确要求。

明：综合能力较强的召集人能有效遏制公司的应计盈余管理水平与真实盈余管理水平，其中召集人的专业性和公司地位都可以在其履职过程中发挥重要作用。然而，在CEO权力的干预下，召集人综合能力的监督作用被显著抑制，即随着CEO权力的增大，召集人综合能力对公司应计盈余管理水平和真实盈余管理水平的抑制效果会随之降低。进一步研究发现，召集人在任职公司的地位也受到CEO权力的制约，但召集人的专业性并不会受到CEO权力的影响。

本文的贡献主要体现在：其一，综合专业性和影响力两大维度特征对召集人能力进行合理界定与度量，探究召集人综合能力对公司盈余信息质量的影响，即在审计委员会治理中的独特作用，进而丰富和拓展审计委员会召集人特征方面的理论研究；其二，对体现CEO权力的指标进行整合，并揭示CEO权力对召集人能力特征的调节效应，为公司董事会恰当配置CEO权力、完善公司治理机制提供理论依据和政策参考。

二、理论分析与研究假设

（一）理论基础

审计委员会制度作为公司治理的一种重要机制，对于改变高管“委托代理”问题、弥补董事会的“功能缺陷”、确保公司财务报告信息的真实性和可靠性具有重要的意义。在实务中，审计委员会也是董事会所属专门委员会中一个最为常态化、制度化的运作机构。随着一系列上市公司会计舞弊事件的频发，监管部门对审计委员会监督公司财务报告质量的有效性也越来越关切（Lisic et al. 2019）。

召集人是审计委员会的核心角色，对审计委员会的有效运作起着重要的作用，其综合能力在很大程度上决定着整个审计委员会的治理绩效。高水平、高声望的召集人能够有效地监督公司财务报告的制定过程，并保障与高层管理者、外部审计师的有效沟通，提高外部审计质量。Beasley等（2009）较早对召集人的作用进行了专门考察。他们提供的证据显示，审计委员会监督财务报告质量的大多数活动发生在正式会议以外，通过召集人与审计项目合伙人的持续互动进行。Schmidt和Wilkins（2013）研究发现，审计委员会成员的会计技能缩短了公司财务报表重述的“黑暗期”，当召集人本身是一位会计专业人士时，这一影响更为显著。Lisic等（2019）则指出，在会计专业人士担任召集人的情形下，审计师对公司内部控制发表不利审计意见后被辞聘的可能性降低。这表明，真正具有实务经验的会计专家有利于审计委员会有效地履行监督财务报告质量的职责。根据信息不对称理论，本地化的召集人由于具有信息优势更有助于提高公司的盈余信息质量（谢德仁和汤晓燕 2012）。潘珺和余玉苗（2017）认为，地位较高、经验丰富的召集人能显著抑制公司的盈余管理行为。He等（2017）认为，召集人如果与外部审计师存在校友关系，审计报告质量和盈余信息质量将受到损害。可见，召集人对于盈余信息质量具有重要的影响，但是公司高管的盈余管理行为是如何影响公司盈余信息质量的呢？

盈余管理主要包括应计盈余管理和真实盈余管理。应计盈余管理行为（如不正当的变更会计估计、编制虚假的财务报告等）只改变公司实际盈余在不同会计期间的反映，不影响公司的实际经营活动。真实盈余管理行为则主要指生产操纵、费用操纵及经营性现金流操纵，该类行为隐蔽性强、风险水平低，而且改变了公司的实际经营活动。两类盈余管理行为都会导致盈余信息质量下降，影响投资者等财务报告使用者的投资决策，损害投资者的权益。召集人作为审计委员会的关键人物，其综合能力的高低势必会影响到公司应计盈余管理水平和真实盈余管理水平。因此，本文通过研究召集人综合能力对公司应计盈余管理水平和真实盈余管理水平的影响来揭示召集人与盈余信息质量之间的关系。

（二）假设提出

1. 召集人综合能力与盈余信息质量

决定召集人综合能力的最基本、最直接要素是其专业性。审计委员会直接负责审查公司的财务信息，并与外部审计形成合力来提升财务报告质量。盈余信息对财务报告使用者的决策具有重要影响，但公司管理层往往出于自身利益考虑实施应计盈余管理水平或真实盈余管理，导致盈余信息质量受损。一些公司为了对外融资、推动股价、增加薪酬等，可能编制虚假的财务报表。召集人主持审计委员会的工作，负责监督财务报告的质量，无疑会努力抑制上述问题的发生，以避免自己的声誉受损，甚至遭受监管部门的处罚。然而，召集人作为独立董事并不参与公司日常经营管理活动，容易存在信息不对称问题，客观上要求其必须掌握相关的会计、审计知识。具备专业技能的召集人能够充分理解财务报告过程中出现的专业信息，能够及时发现其中暗藏的会计财务问题，并发表有效意见，提升监管效率。Dhaliwal等（2010）发现，只有具备会计审计实务经验的专家才能直接提升会计稳健性及应计盈余信息质量。因此，2018年版的《上市公司治理准则》明确地对审计委员会召集人的专业性做出强制规定，强调召集人必须为会计专业人士。

决定召集人综合能力的另外一个要素是其影响力。影响力是指与召集人社会地位相对应的权威性。地位较高、经验较丰富、声誉较好的召集人具有更大的影响力，在履行监督职责时会受到更高程度的认可、尊重与配合，在讲究等级、崇拜权威的华人社会尤其如此。因而，当召集人具有更大的影响力时，负责编制和审计财务报表的财务总监、外部审计师对于其监督行为更为敬畏与认同，召集人能获得更多有价值的信息，也能提出更为专业的独立意见，进而产生更好的监督效果。在监督公司的盈余管理行为时，由于真实盈余管理比应计盈余管理的违规风险低，且更为隐蔽，有更强监督能力、监督动机与影响力的审计委员会成员才能抑制公司的真实盈余管理行为。影响力大的召集人具备更多的监督经验和更高的声誉，承担着更高的履职风险，更能够对公司应计盈余管理与真实盈余管理行为发挥治理作用。

召集人是否“专业”直接表明召集人是否有能力胜任该职位，是其能力的直接体现。不具备专业性的召集人即使独立或者勤勉，也无法有效地履行召集人的职责。而专业素质高的召集人则有利于在公司治理活动中强化外部审计师及审计委员会成员的独立性（Albrecht et al. 2018）。"影响力"是召集人具备的一种无形的能力，却在治理活动中时刻影响着召集人的履职效果，是能力的间接体现。影响力高的召集人如同开了"顺风车"，履职过程中可以获得更真实的信息、更大的话语权，以及其他部门更有效的配合；而影响力低的召集人在履职过程中会处处受制，难以有效地开展工作。通过综合分析召集人的上述直接能力和间接能力，我们提出以下假设。

假设1：召集人综合能力越强，公司盈余信息质量越高。

2. 召集人综合能力、CEO权力与盈余信息质量

在业绩较好的公司，CEO很有可能会选择影响力更大的召集人以向资本市场传递高质量会计信息的信号，同时，召集人为了避免声誉受损，也更愿意选择业绩较好的公司。为了提高公司的信息质量，权力较大的CEO可能有助于召集人发挥作用。但是，在业绩较差的公司，或者业绩较好但存在严重盈余管理行为的公司，CEO迫于业绩压力，可能不得不进行盈余管理或者其他可以粉饰报表的行为。为了掩盖自身行为，权力较大的CEO极有可能利用职务之便对审计委员会的监督行为进行干涉，为自身盈余管理等不当行为开"顺风车"。

我们认为，CEO权力过大，会严重损害以董事会为中心的公司治理效率，导致审计委员会的作用降低。权力较大的CEO还会控制公司的关键决策，特别是我国不少公司存在CEO兼任董事长的情况，导致CEO有权提名董事会（包括审计委员会）的成员，这加剧了审计委员会治理效率低下的问题。Cohen等（2012）发现，当CEO权力很大时，审计委员会成员的勤勉度会降低。由于审计委员会成员不直接参与公司经营管理，其履行治理职责只能依赖于公司提供的信息，一旦CEO权力过大，可能会阻碍审计委员会成员获取充分、完整、准确的公司信息，从而削弱审计委员会的治理效率（Lisic et al. 2016）。刘焱和姚海鑫（2014）、王守海等（2019）发现，高管权力会抑制审计委员会发挥专业性的作用。Gao等（2019）指出，当公司首席独立董事担任审计委员会成员时，会加强与CEO的沟通，从而提高财务报告质量。Cassell等（2018）的研究明确揭示，当CEO有权提名审计委员会成员及召集人时，公司盈余管理水平显著上升。

综上，CEO权力主要通过三条途径削弱审计委员会的治理绩效：第一，CEO权力过大使审计委员会的监管强度降低；第二，CEO权力过大使审计委员会获取信息的效率和质量降低；第三，CEO权力过大会干涉审计委员会的监督计划和日程。召集人主要通过与公司高管和外部审计师的有效沟通，且通过主持审计委员会会议并发表独立、专业意见来履行监管职责，权力大的CEO倘若利用职务和资源之便，阻碍召集人获取公司财务信息，干涉审计委员会会议，势必会对召集人履职效果产生不利影响。鉴于此，我们提出以下假设。

假设2：CEO权力会削弱召集人综合能力对提高公司盈余信息质量的积极作用。

三、研 究 设 计

（一）样本选取与数据来源

本文选择2008~2017年沪深主板A股上市公司为样本。证监会于2001年首次提出上市公司应当建立审计委员会制度。然而，在2007年证监会明确要求上市公司必须在年报中披露审计委员会履职情况之前，很多上市公司并没有建立较为完善的审计委员会制度。因此，本文从CSMAR及WIND数据库选取2008~2017年沪深主板A股中披露审计委员会信息的10 979家上市公司年观察值，其中排除了380家ST（special treatment，特别处理）和ST*公司、181家金融公司和168家上市只有1年的公司。最终，我们获得10 250家上市公司数据。本文使用的审计委员会成员的数据先下载自CSMAR及WIND数据库，再通过手工查阅公司年报、董事会会议公告等进行补充和复核，最后通过搜索深圳证券交易所的独立董事信息库、百度网、和讯网等进一步补充与确认。本文采用的审计委员会成员及召集人的专业性、工作经历、任期等背景数据通过手工收集，主要在新浪财经、巨潮资讯网等网站搜索审计委员会成员及召集人简历信息获得。

（二）研究变量的选择与度量

1. 召集人综合能力

目前，国内外相关文献并没有统一地界定召集人综合能力的方法，召集人综合能力（用ACCability表示）是一个涵盖多种因素的综合指标，召集人的学历、工作经验、职称、工作任期等都是体现其综合能力的特征。因此，本文采用主成分分析法综合多维指标来度量召集人综合能力。根据前述说明，召集人综合能力主要由其直接能力专业性和间接能力影响力两方面要素组成，结合直接能力和间接能力两方面的背景特征，本文选取7个特征指标度量召集人综合能力，具体定义和解释见表1。

表1　召集人综合能力特征指标

特征指标名称	定义与解释
专业能力（X_1）	将召集人专业能力分为 1 类、2 类、3 类，并分别赋值 3、2、1
专业证书（X_2）	若召集人拥有 CPA[1] 或者高级会计师证书取 1，否则取 0
受教育水平（X_3）	将召集人受教育水平分为博士、硕士、本科、大专、中专及以下 5 类，并分别赋值 5、4、3、2、1
工作任期（X_4）	在公司担任召集人的年数
津贴水平（X_5）	召集人在本会计年度从任职公司获得的津贴[2]
从业经历（X_6）	召集人自第一次担任独立董事至今的年数
声誉水平（X_7）	召集人兼任其他公司独立董事的家数

1）CPA：certified public accountant，注册会计师

2）召集人及 CEO 的津贴水平指标均已经过标准化处理，即津贴水平/公司总资产

本文针对召集人的直接能力选取3个特征指标：①专业能力。Dhaliwal等（2010）认为专业性的财务专家应具有银行、证券、投资方面的从业经验，或担任过CEO、公司总裁等职位。Lisic等（2019）认为专业性的财务专家应曾经担任过审计师、CFO（chief financial officer，首席财务官）、主任会计师等职位。虽然担任过审计师、CFO等职位的召集人和具有银行、证券等从业经验的召集人同样具有专业性，但前者显然比后者拥有更多的会计审计实务经验。因而，不能单纯以召集人是否掌握财务会计知识作为度量专业性的标准。Hansen等（2019）在审计委员会成员工作经历数据库中查找该成员是否拥有CFO、审计师及会计师事务所的工作经验，并将拥有上述工作经验的审计委员会成员定义为狭义概念的会计专业人士。我们借鉴Badolato等（2014）对审计委员会专业性的分类法[①]将召集人的专业性细分为3类：1类为会计审计实务类专家，指曾担任过CFO，或曾在会计师事务所、政府审计或公司内部审计部门等工作的人员；2类为会计信息使用专家，指时常运用会计信息并能评判信息质量的成员，如曾在证监会等监管机构、银行等金融机构相关部门工作或是财会金融专业的学者；3类为行业专家，指具有经济管理专业背景的成员，如CEO、经理、除财会金融专业外的经济管理学者等。若召集人的专业能力分别属于1类、2类、3类时，则将该指标相应赋值为3、2、1。②专业证书。召集人拥有高级会计师证书或者CPA证书表明其已熟练掌握专业的会计理论和实务知识。若召集人拥有CPA证书或者高级会计师证书时，该指标取1，否则取0。③受教育水平。本文采用召集人取得的最高学位来衡量其受教育水平，将其受教育水平分为博士、硕士、本科、大专、中专及以下5类，并分别赋值为5、4、3、2、1。

关于召集人的间接能力——影响力，学术界普遍认为从业经验、任期、声誉等特征能体现出高管或者董事影响力的程度。然而，现有文献很少有对召集人影响力的研究，因此，本文结合有关CEO权力的文献从影响力的角度出发，确定与召集人综合能力相关的指标特征。Lisic等（2016）采用任期、薪酬水平、从业经历、声誉等10个指标来衡量CEO权力。王雄元和何捷（2012）利用CEO薪酬、CEO持股等指标度量CEO权力。向锐等（2017）认为薪酬反映召集人的能力和声誉，声誉代表召集人在行业内的声望和地位。综上所述，本文针对召集人的间接能力选取4个特征指标：①工作任期，本文采用在公司担任召集人的年数衡量召集人的工作任期；②津贴水平，该指标反映召集人本会计年度从任职公司获得的津贴；③从业经历[②]，该指标表示召集人自第一次担任独立董事至今的年数，代表其担任独立董事的经验；④声誉水平，我们将召集人声誉水平指标定义为召集人兼任其他公司独立董事的家数。

---

① 在判断审计委员会召集人及成员的专业类型时，我们首先将审计委员会成员的工作经历分为会计审计学教授，会计师事务所从业人员，有会计从业经历的财政金融人员，有会计从业经验的财务总监，有财政金融从业经验的人员，CEO、高管、董事长，经济学、管理学教授，以前无会计经验的财务总监，金融学、财政学教授，行业政策类政府部门高官，行业前沿专家，律师，国有资产监督管理委员会、财政局、税务局、财经部门离职人员等共 13 类。其次，借鉴 Badolato 等（2014）对财务专家的分类方法将审计委员会召集人和成员分为会计审计实务类专家、会计信息使用专家、行业专家 3 类。

② CSMAR数据库自2002年年报开始披露董事背景信息，本文先下载数据库披露的所有独立董事的信息，再利用VBA程序将审计委员会召集人的个人信息与上述信息进行精确匹配，得到召集人最早担任独立董事的年度后，推算出召集人的从业经历。

表1中的特征指标从不同方面描述了召集人综合能力，本文对以上7个指标进行主成分分析，以主成分综合得分度量召集人综合能力，综合得分越高代表召集人综合能力越强。表2召集人综合能力特征指标的KMO和Bartlett球形检验结果用于检验数据是否符合做主成分分析，其中KMO值大于0.5，表示比较适合做主成分分析；Bartlett值检验显著（显著水平为0），表示这些变量之间存在共线性，有必要进行主成分分析。

表2 召集人综合能力特征指标的KMO和Bartlett球形检验结果

检验方法	指标	检验结果
KMO 检验	KMO 值	0.607
Bartlett 球形检验	χ^2 值	10 002.167
	自由度	21
	p 值	0

按照特征值大于1的标准提取3个主成分（表3）。根据表3的因子载荷矩阵将3个主成分表示为各个指标的线性组合，分别用F_1、F_2、F_3来表示。通过计算，3个主成分的得分表达式如下。

$$F_1 = 0.465X_1 + 0.464X_2 - 0.356X_3 + 0.050X_4 - 0.059X_5 + 0.059X_6 + 0.041X_7$$

$$F_2 = 0.102X_1 + 0.122X_2 + 0.186X_3 + 0.051X_4 - 0.156X_5 + 0.503X_6 + 0.625X_7$$

$$F_3 = -0.058X_1 - 0.038X_2 - 0.104X_3 + 0.600X_4 + 0.619X_5 + 0.181X_6 - 0.205X_7$$

表3 召集人综合能力特征指标的因子载荷矩阵

指标特征	主成分 1	主成分 2	主成分 3
专业能力（X_1）	0.812	0.013	−0.056
专业证书（X_2）	0.804	0.047	−0.027
受教育水平（X_3）	−0.689	0.338	−0.080
工作任期（X_4）	0.066	0.197	0.753
津贴水平（X_5）	−0.075	−0.070	0.731
从业经历（X_6）	−0.028	0.754	0.337
声誉水平（X_7）	−0.086	0.847	−0.112

最后，按照各个主成分的方差贡献率在全部主成分方差贡献率中所占比重确定各个主成分的权重，计算得到召集人综合能力（ACCability）的综合得分值。

$$\text{ACCability} = 0.257F_1 + 0.207F_2 + 0.177F_3$$

2. CEO权力

现有国内外文献中有不少度量CEO权力（用CEOpower表示）的方式，刘炎和姚海鑫（2014）采用两职兼任、创始人身份、兼职情况、职称和学历等指标，利用主成分分析法度量CEO权力。王守海等（2019）利用两职兼任、高管持股、管理层规模、相对收入、学历、职称等指标通过主成分分析法度量高管权力。权小锋和吴世农（2010）将两职兼任、任期、持股情况等8个指标分为组织权力、专家权力、所有制权力和声誉权力等4个维度以度量CEO权力。Lisic等（2019）在研究CEO对审计委员会成员会计专长与内控审计质量之间关系的调节作用时，选取两职分离、薪酬水平、创始人身份、任期、从业经历、声誉和受教育水平等10个指标测度CEO权力。本文借鉴上述研究，选取9个代表CEO权力特征的指标来度量CEO权力，具体定义和解释见表4。

表4　CEO权力特征指标

CEO 权力维度	定义与解释
两职分离（Y_1）	若 CEO 兼任董事长时取 1，否则取 0
从业时间（Y_2）	在成为 CEO 之前，在公司担任高管职位的年数
任职数量（Y_3）	在成为 CEO 之前，在公司担任高管职位的数量
受教育水平（Y_4）	将 CEO 受教育水平分为博士、硕士、本科、大专、中专及以下 5 类，并分别赋值 5、4、3、2、1
CEO 任期（Y_5）	在公司担任 CEO 至今的年限
持股水平（Y_6）	CEO 持股占公司股份的比例
创始人身份（Y_7）	若 CEO 在公司 IPO[1)] 时为管理者取 1，否则取 0
薪酬水平（Y_8）	CEO 在本会计年度从公司获得的所有报酬
社会声誉（Y_9）	CEO 兼任其他公司董事的家数

1）IPO：initial public offerings，首次公开募股

本文根据CEO组织权力选取以下3个特征指标：①两职分离，若CEO兼任董事长时取1，否则取0；②从业时间，该指标表示在成为CEO之前，在公司担任高管职位的年数；③任职数量，该指标表示在成为CEO之前，在公司担任高管职位的数量。

本文根据CEO专家权力选取2个特征指标：①受教育水平，本文将CEO受教育水平分为博士、硕士、本科、大专、中专及以下5类，并分别赋值5、4、3、2、1；②CEO任期，该指标表示CEO在公司担任CEO至今的年限。

本文根据CEO所有制权力选取2个特征指标：①持股水平，该指标表示CEO持股占公司股份的比例；②创始人身份，若CEO在公司IPO时为管理者取1，否则取0。

本文根据CEO声誉权力选取2个特征指标：①薪酬水平，该指标表示CEO在本会计年度从公司获得的所有报酬，包括工资、津贴、股利和股票期权；②社会声誉，该指标以CEO兼任其他公司董事的家数为代表。

以上指标从不同的方面描述了CEO权力，本文对以上9个指标进行主成分分析，以主成分综合得分度量CEO权力，综合得分越高代表CEO权力越大。表5 CEO权力特征指标的KMO和Bartlett球形检验结果用于检验数据是否符合做主成分分析，其中KMO值大于0.5，表示比较适合做主成分分析；Bartlett值检验显著（显著水平为0），表示这些变量之间存在共线性，有必要进行主成分分析。

表5　CEO权力特征指标的KMO和Bartlett球形检验结果

检验方法	指标	检验结果
KMO 检验	KMO 值	0.550
Bartlett 球形检验	χ^2 值	6 829.390
	自由度	36
	p 值	0

按照特征值大于1的标准提取与CEO权力相关的5个主成分（表6），根据表6的CEO权力特征指标的因子载荷矩阵将5个主成分表示为各种指标的线性组合，分别用F_4、F_5、F_6、F_7、F_8表示。通过计算，5个主成分的得分表达式如下。

$$F_4 = -0.049Y_1 + 0.385Y_2 + 0.396Y_3 + 0.049Y_4 - 0.056Y_5 - 0.049Y_6 + 0.015Y_7 + 0.001Y_8 - 0.021Y_9$$

$$F_5 = -0.330Y_1 - 0.105Y_2 + 0.103Y_3 - 0.028Y_4 - 0.014Y_5 + 0.291Y_6 + 0.069Y_7 + 0.018Y_8 + 0.144Y_9$$

$$F_6 = 0.072Y_1 + 0.061Y_2 + 0.006Y_3 + 0.267Y_4 + 0.137Y_5 + 0.043Y_6 + 0.315Y_7 + 0.024Y_8 + 0.048Y_9$$

$$F_7 = -0.085Y_1 - 0.161Y_2 + 0.124Y_3 + 0.045Y_4 + 0.270Y_5 - 0.067Y_6 + 0.031Y_7 + 0.028Y_8 - 0.019Y_9$$

$$F_8 = -0.028Y_1 - 0.004Y_2 + 0.031Y_3 + 0.067Y_4 + 0.090Y_5 - 0.006Y_6 + 0.041Y_7 + 0.179Y_8 + 0.137Y_9$$

表6　CEO权力特征指标的因子载荷矩阵

特征指标	主成分 1	主成分 2	主成分 3	主成分 4	主成分 5
两职分离	−0.120	−0.453	0.009	−0.127	−0.076
从业时间	0.573	−0.077	0.142	−0.122	0.025
任职数量	0.574	0.167	0.142	0.124	0.087
受教育水平	0.179	0.026	0.394	0.092	0.123
CEO 任期	−0.033	0.049	0.229	0.324	0.138
持股水平	−0.043	0.407	0.082	−0.032	0.031
创始人身份	0.140	0.148	0.437	0.089	0.109
薪酬水平	0.040	0.062	0.080	0.058	0.212
社会声誉	0.014	0.238	0.113	0.018	0.177

最后，按照各个主成分的方差贡献率在全部主成分方差贡献率中所占比重确定各个主成分的权重，计算得到CEO权力的综合得分值（CEOpower）。

$$\text{CEOpower} = 0.594F_4 + 0.400F_5 + 0.379F_6 + 0.141F_7 + 0.112F_8$$

3. 盈余信息质量

（1）应计盈余管理水平（用|AEM|表示）。对于应计盈余管理水平，我们使用经过McNichols（2002）修改的DD（Dechow&Dichev）模型。相对于Jones模型，该模型可以有效地识别被歪曲的会计信息及会计欺诈，并且与传统的DD模型相比强调了销售增长与固定资产的作用，如模型（1）~模型（3）所示。

$$\Delta WC_t = \beta_0 + \beta_1 CFO_{t-1} + \beta_2 CFO_t + \beta_3 CFO_{t+1} + \beta_4 \Delta REV_t + \beta_5 PPE_t + \varepsilon_t \quad (1)$$

$$NDA_t = \widehat{\beta_0} + \widehat{\beta_1} CFO_{t-1} + \widehat{\beta_2} CFO_t + \widehat{\beta_3} CFO_{t+1} + \widehat{\beta_4} \Delta REV_t + \widehat{\beta_5} PPE_t \quad (2)$$

$$AEM_t = \Delta WC_t - NDA_t \quad (3)$$

其中，ΔWC_t表示营业现金流量的变化额（营业现金流量=净利润+折旧）；CFO_{t-1}、CFO_t、CFO_{t+1}分别表示过去一年、本年度和未来一年的经营现金流量；ΔREV_t表示主营业务收入的变化额；PPE_t表示本会计年度固定资产净额；ε_t为随机干扰项；NDA_t表示非操纵性应计盈余管理水平；AEM_t表示操纵性应计盈余管理水平。

我们对沪深主板A股所有上市公司按模型（1）分年度、行业[①]进行回归，进而将估算得到的系数代入式（2），得到非操纵性应计盈余管理水平（NDA_t）的估计值。完成上述估值后，我们将ΔWC_t和NDA_t代入式（3）得到二者之差，即操纵性应计盈余管理水平（AEM_t）。在上述估计过程中，为了克服异方差的影响，本文采用$t-1$期的总资产对所有变量进行标准化处理。由于公司可能不定期地进行“洗大澡”等反向盈余管理，本文使用操纵性应计盈余管理水平的绝对值|AEM|表示应计盈余管理水平。

（2）真实盈余管理水平（用EM_Proxy表示）。关于真实盈余管理水平，公司常采用三种真实盈余管理方式：通过折扣和赊销等进行销售操控；通过增加产量、减少单位产品负担的固定费用等进行生产操控；压缩研发、广告、销售及管理费用等进行费用操控。本文以Roy-Chowdhury模型计量出的异常经营活动现金流净额（EM_CFO）、异常产品成本（EM_PROD）和异常可操控费用（EM_DISEXP），分别测度三种方式下真实盈余管理的程度。由于公司可能同时使用三种方式，本文以式（4）计算真实盈余管理水平，REM值越大表示真实盈余管理水平越高。

$$EM\_Proxy = EM\_PROD - EM\_CFO - EM\_DISEXP \quad (4)$$

4. 控制变量

本文控制了可能影响盈余信息质量的审计委员会和董事会特征、公司财务特征及非财务特征三个层面的变量。根据Cassell等（2018）的研究，首先，我们控制与审计委员会和董事会特征有关的变量，如审计委员会专业性（ACexp）、审计委员会独立性（ACind）、审计委员会规模（ACsize）和董事会规模（BDSize）。其次，根据He等（2017）、Guan等（2016）及Bratten等（2019）的研究，我们控制与公司财务特征相关的变量，如公司规模（Size）、公司财务风险（Lev）、偿债能力（CR）、盈亏状况（Loss）、营利能力（Roe），

① 本文的行业分类标准建立在证监会2012年颁布的《上市公司行业分类指引》的基础上，参考He等（2017）涉及的有关中国行业分类的方式确定，且确保每个行业每年数据量均超过10条。

以及成长能力（Tobin's Q）。最后，根据Guan等（2016）的研究，我们还控制了与公司非财务特征相关的变量，如审计师类型（是否为Top10会计师事务所，Top10）、公司的所有权特征（是否国有企业，SOE）、H股发行情况（是否发行H股，Hshare）、B股发行情况（是否发行B股，Bshare）、机构投资者持股比例（Institution）、市场化指数（Marketindex）。本文变量的具体定义如表7所示。

表7 变量定义表

变量名称	变量标识	变量定义
被解释变量：		
应计盈余管理水平	|AEM|	操纵性应计盈余管理水平的绝对值
真实盈余管理水平	EM_Proxy	异常产品成本减去异常经营活动现金流净额与异常可操纵费用
解释变量：		
召集人综合能力	ACCability	根据前述主成分分析法计算的综合得分
CEO 权力	CEOpower	根据前述主成分分析法计算的综合得分
控制变量：审计委员会和董事会特征		
审计委员会专业性	ACexp	审计委员会成员中 1 类、2 类财务专家人数/审计委员会成员总数
审计委员会独立性	ACind	审计委员会成员中独立董事所占比例
审计委员会规模	ACsize	审计委员会成员总数
董事会规模	BDsize	董事会成员总数
控制变量：公司财务特征		
公司规模	Size	公司本会计年度末总资产的自然对数
公司财务风险	Lev	公司本会计年度末的资产负债率
偿债能力	CR	流动比率，等于流动资产/流动负债
盈亏状况	Loss	为虚拟变量，若本会计年度公司净利润为负值，变量取值 1，否则取 0
营利能力	Roe	权益净利率，等于净利润/股权权益平均值
成长能力	Tobin's Q	（总负债的账面价值+股东权益的账面价值）/总资产的账面价值
控制变量：公司非财务特征		
审计师类型	Top10	为虚拟变量，若公司审计师所在单位当年为中国注册会计师协会 Top10 会计师事务所，变量取值 1，否则取 0
B 股发行情况	Bshare	为虚拟变量，若公司发行 B 股，变量取值 1，否则取 0
H 股发行情况	Hshare	为虚拟变量，若公司发行 H 股，变量取值 1，否则取 0
公司的所有权特征	SOE	若为国有企业，变量取值 1，否则取 0
机构投资者持股比例	Institution	机构投资者持股量/公司总股本
市场化指数	Marketindex	公司办公地所在地区的市场化指数

（三）模型设计

本文采用多元线性回归检验召集人综合能力对公司盈余信息质量的影响，以及CEO权力对召集人综合能力的调节效应。为了检验假设1，运用式（5）所示模型；为了检验假设2，运用式（6）所示模型，相关模型如下。

$$\text{盈余信息质量相关变量}_t = \beta_0 + \beta_1 \text{召集人相关变量}_t + \beta_\mu \text{控制变量}_t + \varepsilon \quad (5)$$

$$\text{盈余信息质量相关变量}_t = \beta_0 + \beta_1 \text{召集人相关变量}_t + \beta_2 (\text{召集人相关变量}_t \times \text{CEOpower}_t) + \beta_3 \text{CEOpower}_t + \beta_\mu \text{控制变量}_t + \varepsilon \quad (6)$$

为了有效处理遗漏变量导致的内生性问题，本文采用LSDV（least square dummy variable，最小二乘虚拟变量）法通过年度（Year）和公司（Firm）两个层面对模型进行OLS（ordinary least square，普通最小二乘）回归分析，并且标准误均已经过异方差修正。此外，为了避免异常值对检验结果的影响，我们在估计以上模型时，对所有连续变量在0.01的水平上进行Winsorize处理。后文的检验方法与之类似，不予赘述。

四、实证结果与分析

（一）描述性统计

表8为主要变量的描述性统计结果，其中|AEM|的均值为0.05，EM_Proxy的均值为0.58，均高于美国同期上市公司的应计盈余管理水平与真实盈余管理水平，说明国内主板上市公司确实存在较为严重的盈余管理问题。ACind和ACexp的均值分别为0.68和0.48，说明审计委员会中独立董事所占比例均值超过一半，财务专家所占比例均值不到一半。这大致符合《上市公司治理准则》中对审计委员会独立性和专业性的基本规定，即审计委员会成员中独立董事应占多数，至少有一名独立董事是会计专业人士（2018年明确为召集人）。然而，美国上市公司审计委员会成员全部为独立董事，且会计专家所占比例也高于中国。这说明与美国相比，中国审计委员会成员结构还有很大的改善空间。Top10变量的均值为0.51，说明有51%的样本由中国前十大会计师事务所审计。Bshare和Hshare变量的均值分别为0.06和0.04，说明样本中有6%和4%的公司发行了B股和H股。SOE变量的均值为0.64，说明样本中有64%的公司是国有企业。

表8 主要变量的描述性统计

变量	*N*	均值	方差	最小值	中位数	最大值
|AEM|	9 257	0.05	0.06	0	0.03	0.36
EM_Proxy	10 250	0.58	0.65	−0.26	0.40	3.48
ACCability	9 438	−0.02	0.59	−1.29	0.03	1.19
CEOpower	8 831	0	0.44	−0.65	−0.02	1.07
ACexp	10 250	0.48	0.27	0	0.44	1.00
ACind	10 250	0.68	0.12	0.40	0.67	1.00
ACsize	10 250	3.92	1.29	3.00	3.00	8.00
BDsize	10 250	9.11	1.88	5.00	9.00	15.00
Size	10 250	22.40	1.36	19.45	22.29	25.86

续表

变量	N	均值	方差	最小值	中位数	最大值
Lev	10 250	0.52	0.20	0.10	0.53	0.96
Loss	10 250	0.18	0.39	0	0	1.00
Roe	10 250	0.07	0.14	−0.55	0.07	0.41
Tobin's Q	9 958	1.82	1.80	0.20	1.25	9.85
CR	10 248	1.24	1.33	0.12	0.86	8.05
Top10	10 250	0.51	0.50	0	1.00	1.00
Bshare	10 250	0.06	0.25	0	0.00	1.00
Hshare	10 250	0.04	0.20	0	0.00	1.00
SOE	10 250	0.64	0.48	0	1.00	1.00
Institution	10 250	7.61	10.46	0.20	4.19	55.61
Marketindex	10 250	7.34	1.75	2.95	7.41	9.95

（二）回归结果分析

1. 召集人综合能力与盈余信息质量的回归结果

表9中模型1和模型3报告了召集人综合能力与公司应计盈余管理水平的关系，即假设1的回归结果。其中，模型1是召集人综合能力与公司应计盈余管理水平的回归结果，模型3是召集人综合能力与公司真实盈余管理水平的回归结果。结果显示，召集人综合能力（ACCability）分别与公司应计盈余管理水平（|AEM|）及真实盈余管理水平（EM_Proxy）呈显著负相关关系。这表明召集人综合能力越强，越能有效抑制公司应计盈余管理行为及真实盈余管理行为，即越有利于提高公司盈余信息质量，假设1得到验证。在控制变量方面，公司规模（Size）、审计师类型（Top10）和H股发行情况（Hshare）与应计盈余管理水平呈显著负相关关系；审计委员会专业性（ACexp）、审计委员会独立性（ACind）及公司财务风险（Lev）、盈亏状况（Loss）与应计盈余管理水平呈显著正相关关系。审计师类型（Top10）、盈亏状况（Loss）与真实盈余管理水平呈显著负相关关系；审计委员会专业性（ACexp）、审计委员会规模（ACsize）、公司规模（Size）、公司财务风险（Lev）、营利能力（Roe）、成长能力（Tobin's Q）、公司的所有权特征（SOE）及机构投资者持股比例（Institution）与真实盈余管理水平呈显著正相关关系。其余变量均与盈余信息质量不相关。

表9 召集人综合能力、CEO权力与公司盈余信息质量的回归结果

变量	模型 1	模型 2	模型 3	模型 4
	|AEM|	|AEM|	EM_Proxy	EM_Proxy
ACCability	−0.004**	−0.005**	−0.037***	−0.037***
	(−2.229)	(−2.533)	(−3.402)	(−3.188)
CEOpower×ACCability		0.009**		0.043*
		(2.409)		(1.894)
CEOpower		−0.001		−0.024
		(−0.494)		(−1.333)

续表

变量	模型 1	模型 2	模型 3	模型 4
	|AEM|	|AEM|	EM_Proxy	EM_Proxy
ACexp	0.009**	0.001	0.056**	0.024***
	(2.256)	(1.269)	(2.225)	(4.312)
ACind	0.026***	−0	0.032	−0.008
	(2.798)	(−0.112)	(0.568)	(−1.394)
ACsize	0.001	0.022**	0.025***	0.043
	(1.021)	(2.159)	(4.878)	(0.686)
BDsize	0.000	0.009**	−0.005	0.030
	(0.424)	(2.108)	(−0.984)	(1.082)
Size	−0.005**	−0.004	0.156***	0.155***
	(−2.330)	(−1.638)	(7.545)	(6.504)
Lev	0.028***	0.001	0.105*	0.017*
	(3.431)	(0.515)	(1.809)	(1.917)
Loss	0.017***	0.024***	−0.112***	0.155**
	(7.396)	(2.582)	(−7.947)	(2.238)
Roe	−0.001	0.016***	0.013**	−0.103***
	(−0.849)	(6.189)	(2.197)	(−6.488)
Tobin's *Q*	0	0	0.006**	0.004
	(0.805)	(0.677)	(1.995)	(1.225)
CR	0	0	−0	−0
	(1.512)	(1.603)	(−0.222)	(−0.070)
Top10	−0.006**	−0.006**	−0.036**	−0.042**
	(−2.529)	(−2.164)	(−2.284)	(−2.444)
Bshare	−0.035	−0.041*	−0.057	−0.030
	(−1.507)	(−1.677)	(−0.316)	(−0.161)
Hshare	−0.041**	−0.039**	−0.231	−0.219
	(−2.121)	(−2.018)	(−1.386)	(−1.302)
SOE	−0.002	−0.004	0.040*	0.037
	(−0.570)	(−1.162)	(1.668)	(1.440)
Institution	0	0	0.002*	0.002*
	(1.162)	(0.299)	(1.882)	(1.914)
Marketindex	−0.002	−0.002	−0.017	−0.017
	(−1.384)	(−1.003)	(−1.188)	(−1.055)
截距项	0.152***	0.138**	−2.780***	−2.725***
	(3.006)	(2.398)	(−5.865)	(−4.971)
年度固定效应	是	是	是	是
行业固定效应	是	是	是	是
F 值	14.50	11.32	27.80	22.48
调整的 R^2	0.167	0.168	0.654	0.661
N	8 950	7 710	9 684	8 385

***、**、*分别表示显著性水平为 0.01、0.05、0.1

注：括号中为 *t* 值，且标准误已经过异方差修正

2. 召集人综合能力、CEO权力与盈余信息质量的回归结果

表9中模型2和模型4报告了CEO权力对召集人综合能力的调节效应，即假设2的回归结果。其中，模型2表示CEO权力干涉召集人综合能力对应计盈余管理的影响；模型4表示CEO权力干涉召集人综合能力对真实盈余管理的影响。结果表明，CEO权力与召集人

综合能力的交乘项（CEOpower×ACCability）分别与应计盈余管理水平和真实盈余管理水平呈显著正相关关系。这说明随着CEO权力的增大，召集人综合能力对公司应计盈余管理水平和真实盈余管理水平的抑制效果都随之降低，召集人综合能力在审计委员会治理中发挥的作用被大大抑制，假设2得到验证。

（三）稳健性检验

第一，为了验证研究结论的稳健性，区别于前文使用的LSDV法，我们采用双向固定效应模型对所有回归结果进行检验，结果显示并不存在实质性的差异，如表10所示。

表10 双向固定效应模型回归结果

变量	模型 1	模型 2	模型 3	模型 4
	|AEM|	|AEM|	EM_Proxy	EM_Proxy
ACCability	−0.003**		−0.034***	
	（−2.179）		（−3.427）	
CEOpower×ACCability		0.010**		0.062*
		（2.286）		（1.797）
控制变量	是	是	是	是
截距项	0.165***	0.164**	−2.863***	−4.956***
	（4.206）	（2.507）	（−11.946）	（−10.243）
年度固定效应	是	是	是	是
F 值	18.46	12.24	32.27	21.18
调整的 R^2	−0.128	−0.160	−0.071	−0.108
N	8 431	7 244	9 108	7 871

***、**、*分别表示显著性水平为 0.01、0.05、0.1

注：括号中为 *t* 值，且标准误已经过异方差修正

第二，前述召集人综合能力和CEO权力的度量基础是选取相应的特征指标进行主成分分析，以主成分综合得分代表召集人综合能力和CEO权力。根据Lisic等（2016）、刘焱和姚海鑫（2014）等的研究中对CEO权力的定义和度量方式，我们将召集人综合能力和CEO权力的相关特征指标按虚拟变量分组法[①]赋值为0、1变量，之后加总分别得出每个公司的召集人综合能力（ACCability_y）和CEO权力（CEOpower_y）的值，在此基础上分别再对前述研究结果进行检验，结果也不存在实质性差异，如表11所示。

① 文中提及的虚拟变量赋值方法为：分年度、行业求取每个变量的中位数，该变量观察值中大于或等于中位数的取 1，否则取 0。

表11 召集人综合能力稳健性检验回归结果

变量	模型 1	模型 2	模型 3	模型 4
	|AEM|	|AEM|	EM_Proxy	EM_Proxy
ACCability_y	−0.004*		−0.029*	
	(−1.749)		(−1.948)	
CEOpower_ y×ACCability_ y		0.007**		0.061**
		(2.161)		(2.175)
控制变量	是	是	是	是
截距项	0.156***	0.158***	−3.129***	−4.967***
	(2.980)	(2.783)	(−9.928)	(−11.042)
年度固定效应	是	是	是	是
行业固定效应	是	是	是	是
F 值	13.34	17.79	21.07	25.43
调整的 R^2	0.189	0.164	0.635	0.468
N	6 548	8 950	7 066	9 684

***、**、*分别表示显著性水平为 0.01、0.05、0.1

注：括号中为 *t* 值，且标准误已经过异方差修正

第三，为了避免不同度量方法产生的误差对本文结果造成影响，我们还基于DD模型及Ball和Shivakumar（2006）修正的Jones模型对应计盈余管理水平进行度量。使用上述模型计量盈余管理水平并重复相关回归分析后，结果如表12所示，其中模型1报告了DD模型的回归结果，模型2报告了Ball和Shivakumar（2006）修正的Jones模型的回归结果，均未出现明显差异。

表12 盈余信息质量稳健性检验回归结果

变量	模型 1	模型 2
	|AEM_DD|	|AEM_BB|
ACCability	−0.004**	−0.003**
	(−1.998)	(−1.973)
控制变量	是	是
截距项	0.078**	0.099***
	(1.989)	(3.022)
年度固定效应	是	是
行业固定效应	是	是
F 值	12.14	19.98
调整的 R^2	0.166	0.168
N	9 921	9 931

***、**分别表示显著性水平为 0.01、0.05

注：括号中为 *t* 值，且标准误已经过异方差修正

（四）内生性检验

对于内生性问题，我们使用工具变量法消除其对本文结果的影响。具体地，Onali等（2016）在针对CEO权力的研究中使用CEO的工作任期作为工具变量。鉴于召集人的工作任期主要影响其在公司内部的影响力，社会声誉主要影响其在公司以外的影响力，我们在Onali等（2016）研究的基础上，使用同一年度同一行业召集人声誉水平均值、工作任期均值作为工具变量进行两阶段最小二乘法分析。本文对所选择的工具变量的相关性条件和外生性条件进行了有效性检验，结果如表13所示。模型1和模型2分别报告了关于应计盈余管理水平和真实盈余管理水平的工具变量两阶段最小二乘法估计结果，我们发现，模型1与模型2二阶段中召集人综合能力的系数均显著为负值，与前文结果一致。Cragg-Donald *F*统计量分别为27.484和28.996，这说明我们选择的工具变量满足相关性条件。Hansen *J*统计量（*p*值）分别为0.600和0.113，该结果说明工具变量的外生性检验得以通过。以上结果说明我们提出的工具变量具备有效性①。

表13 工具变量的2SLS回归结果

变量	模型 1		模型 2	
	|AEM|		EM_Proxy	
	一阶段	二阶段	一阶段	二阶段
召集人的社会声誉均值	0.128^{***}		0.113^{***}	
	（5.223）		（4.627）	
召集人的工作任期均值	0.054^{***}		0.049^{***}	
	（3.227）		（3.177）	
ACCability		-0.045^{**}		-1.564^{**}
		（-2.401）		（-2.007）
控制变量	是	是	是	是
年度固定效应	是	是	是	是
行业固定效应	是	是	是	是
Cragg-Donald *F* 统计量	27.484		28.996	
Hansen *J* 统计量（*p* 值）	0.600		0.113	
N	8 950		9 684	

***、**分别表示显著性水平为 0.01、0.05

注：一阶段括号中为 *t* 值，二阶段括号中为 *Z* 值，且标准误已经过异方差修正

（五）进一步分析

为了更具体地考察召集人综合能力对盈余信息质量的治理作用，下面进一步分析召集人综合能力的3个主成分与盈余信息质量之间的关系。

表3的结果表示，主成分1主要综合了专业能力、专业证书和受教育水平3个指标，

① 会计信息质量较高的公司倾向于选择综合能力强的召集人，从而向资本市场传递高质量会计信息的信号；综合能力较强的召集人也会倾向于选择会计信息质量较高的公司。由于审计委员会的构成内生于公司，召集人与公司之间的匹配是本文未考虑的因素。

体现的是召集人的专业性（ACCskill），其中教育水平的因子值是-0.689，说明学历越高的召集人的专业性越低，可能是因为拥有高学历背景的召集人较多地从事研究、教学的职位，缺乏会计实务类经验，反而学历相对较低的召集人较多地从事会计审计实务类工作，专业性更高；主成分2主要综合了从业经历和声誉水平两个指标，体现的是召集人的工作经验（ACCexperience）；主成分3主要综合了津贴水平和工作任期这两个指标，这两个指标都与召集人的任职公司相关，在一定程度上体现了召集人在其任职公司的地位（ACCstatus）。与前文一致，我们利用式（5）得到召集人的专业性（ACCskill）、召集人的工作经验（ACCexperience）、召集人在其任职公司的地位（ACCstatus）与盈余信息质量的回归结果，如表14所示。

表14　召集人综合能力主成分与公司盈余信息质量的回归结果

变量	模型 1	模型 2	模型 3	模型 4	模型 5	模型 6
	|AEM|	|AEM|	|AEM|	EM_Proxy	EM_Proxy	EM_Proxy
ACCskill	-0.002**			-0.020**		
	(-1.964)			(-2.551)		
ACCexperience		-0			-0.007	
		(-0.491)			(-1.073)	
ACCstatus			-0.001*			-0.011**
			(-1.731)			(-2.552)
控制变量	是	是	是	是	是	是
截距项	0.153***	0.154***	0.145***	-2.768***	-2.766***	-2.568***
	(3.026)	(3.044)	(4.066)	(-5.835)	(-5.828)	(-11.500)
年度固定效应	是	是	是	是	是	是
行业固定效应	是	是	是	是	是	是
F 值	14.42	14.31	19.40	28.02	27.61	34.93
调整的 R^2	0.166	0.166	0.173	0.654	0.654	0.665
N	8 950	8 950	8 950	9 684	9 684	9 684

***、**、*分别表示显著性水平为 0.01、0.05、0.1

注：括号中为 t 值，且标准误已经过异方差修正

表14中模型1~模型3报告了召集人的专业性、召集人的工作经验、召集人在其任职公司的地位对公司应计盈余管理水平的影响，模型4~模型6报告了召集人的专业性、召集人的工作经验、召集人在其任职公司的地位对公司真实盈余管理水平的影响。结果显示，召集人的专业性（ACCskill）、召集人在其任职公司的地位（ACCstatus）均分别与公司应计盈余管理水平（|AEM|）及真实盈余管理水平（EM_Proxy）呈显著负相关关系；召集人的工作经验（ACCexperience）与公司应计盈余管理水平（|AEM|）及真实盈余管理水平（EM_Proxy）均不相关，但是系数为负值。以上结果表明，在决定召集人综合能力的主成分中，其专业性越强、在其任职公司的地位越高，越能有效抑制应计盈余管理行为及真实盈余管理行为，而工作经验并不能对提高盈余信息质量产生显著影响。鉴于此，我们进一步检验CEO权力对召集人的专业性和召集人在其任职公司的地位的调节效应。我们利用式（6）得到回归结果，如表15所示。

表15 召集人综合能力主成分、CEO权力与公司盈余信息质量的回归结果

变量	模型 1	模型 2	模型 3	模型 4
	|AEM|	|AEM|	EM_Proxy	EM_Proxy
CEOpower×ACCskill	0.002		0.004	
	（0.650）		（0.293）	
CEOpower×ACCstatus		0.005**		0.040***
		（2.395）		（2.990）
控制变量	是	是	是	是
截距项	0.139**	0.144**	−2.716***	−2.678***
	（2.420）	（2.498）	（−4.945）	（−4.907）
年度固定效应	是	是	是	是
行业固定效应	是	是	是	是
F 值	11.18	11.39	22.44	22.30
调整的 R^2	0.167	0.167	0.660	0.661
N	7 710	7 710	8 385	8 385

***、**分别表示显著性水平为 0.01、0.05

注：括号中为 *t* 值，且标准误已经过异方差修正

表15报告了CEO权力对召集人的专业性和对召集人在其任职公司的地位的调节作用。其中，模型1和模型3表示CEO权力干涉对召集人的专业性与应计盈余管理水平关系的影响；模型2和模型4表示CEO权力干涉对召集人在其任职公司的地位与真实盈余管理水平关系的影响。结果表明，CEO权力与召集人在其任职公司的地位的交乘项（CEOpower×ACCstatus）分别与应计盈余管理水平和真实盈余管理水平呈显著正相关关系，说明随着CEO权力的增大，召集人在其任职公司的地位对公司应计盈余管理水平和真实盈余管理水平的抑制效果会随之降低，召集人在其任职公司的地位的作用被大大抑制。而CEO权力与召集人的专业性的交乘项（CEOpower×ACCskill）与应计盈余管理水平和真实盈余管理水平并不存在显著因果关系，说明召集人的专业性并不受CEO权力的影响，可以在审计委员会治理中发挥正常的监督作用。

五、结论与启示

随着中国上市公司审计委员会制度的逐步完善，审计委员会在公司治理中扮演的角色越来越重要，对于公司存在的委托代理、财务报告质量等均具有重要的作用，可以有效地弥补董事会的功能缺陷。召集人是负责组织和主持审计委员会会议、协调审计委员会各项职责的实施及进行内部交流与对外沟通的关键人物，承担着更为重要的监督责任，在很大程度上决定了审计委员会的治理绩效。2018年，证监会在修订颁布的《上市公司治理准则》中特别对召集人的任职资格做出更明确的规定，表明监管方高度关注召集人这一关键人物的能力特征问题。本文利用沪深主板上市公司2008~2017年的数据，从召集人综合能力及CEO权力的调节效应两方面对召集人的履职效果进行实证考察。研究结果表

明：拥有较强综合能力的召集人，能有效遏制公司的应计盈余管理行为与真实盈余管理行为，其中，召集人的专业性和召集人在其任职公司的地位都可以在其履职过程中发挥重要作用。但在CEO权力干涉下，召集人综合能力的监督作用被显著抑制，即随着CEO权力的增大，召集人综合能力对公司应计盈余管理水平和真实盈余管理水平的抑制效果会随之降低。进一步研究发现，召集人在其任职公司的地位也受到CEO权力的制约，而召集人的专业性作用却并不会受到CEO权力的影响。这说明专业能力更强的召集人更能抵御CEO权力的制约，从而可以更有效地抑制公司应计盈余管理行为与真实盈余管理行为。

本文的研究具有以下重要启示：其一，在提名审计委员会召集人时，公司应优先考虑专业能力强、地位高的能力较强的召集人。其二，若CEO权力较高时，公司董事会应当重点选择专业能力强的召集人，以保证召集人在履职过程中不会因为受到CEO权力的制约而对履职有效性产生明显的不利影响。其三，CEO权力是一把双刃剑，CEO权力越大、公司权力越集中，决策执行力越强，可以更快地应对迅速变化的外部经营环境。但是，公司难以对权力过大的CEO进行有效的监督，此时CEO更可能隐瞒信息、加剧委托代理问题，从而做出有损股东利益的行为。因此，董事会应充分权衡CEO权力的优缺点，合理配置CEO权力，减少CEO权力对审计委员会监督活动的负面影响。

参 考 文 献

龚启辉，吴联生，王亚平. 2015. 两类盈余管理之间的部分替代. 经济研究，50（6）：175-188.

顾鸣润，杨继伟，余怒涛. 2016. 盈余管理对企业投资决策的影响——基于应计盈余管理和真实盈余管理的研究. 当代会计评论，9（1）：49-69.

刘焱，姚海鑫. 2014. 高管权力、审计委员会专业性与内部控制缺陷. 南开管理评论，17（2）：4-12.

罗进辉，谢达熙，林小靖. 2016. 审计委员会与股价崩盘风险. 当代会计评论，9（2）：99-125.

潘珺，余玉苗. 2017. 审计委员会履职能力、召集人影响力与公司财务报告质量. 南开管理评论，20（1）：108-118.

权小锋，吴世农. 2010. CEO 权力强度、信息披露质量与公司业绩的波动性——基于深交所上市公司的实证研究. 南开管理评论，13（4）：142-153.

谌嘉席，王立彦. 2012. 国内审计委员会研究：十年回顾与展望（2002—2011）. 审计研究，（4）：61-67.

王守海，许巍，刘志强. 2019. 高管权力、审计委员会财务专长与财务重述. 审计研究，（3）：101-110.

王雄元，何捷. 2012. 行政垄断、公司规模与 CEO 权力薪酬. 会计研究，（11）：33-38.

向锐，徐玖平，杨雅婷. 2017. 审计委员会主任背景特征与公司内部控制质量. 审计研究，（4）：73-80.

谢德仁，汤晓燕. 2012. 审计委员会主任委员本地化与公司盈余质量. 审计研究，（6）：90-96.

Albrecht A，Mauldin E G，Newton N J. 2018. Do auditors recognize the potential dark side of executives' accounting competence? The Accounting Review，93（6）：1-28.

Badolato P G，Donelson D C，Ege M. 2014. Audit committee financial expertise and earnings management: the role of status. Journal of Accounting and Economics，58（2）：208-230.

Ball R，Shivakumar L. 2006. The role of accruals in asymmetrically timely gain and loss recognition. Journal of Accounting Research，44（2）：207-242.

Beasley M S, Carcello J V, Hermanson D R, et al. 2009. The audit committee oversight process. Contemporary Accounting Research, 26（1）: 65-122.

Bratten B, Causholli M, Sulcaj V. 2019. Overseeing the external audit function: evidence from audit committees reported activities. SSRN Working Paper.

Cassell C A, Myers L A, Schmardebeck R, et al. 2018. The monitoring effectiveness of co-opted audit committees. Contemporary Accounting Research, 35（4）: 1732-1765.

Cohen L, Frazzini A, Malloy C J. 2012. Hiring cheerleaders: board appointments of "independent" directors. Management Science, 58（6）: 1039-1058.

Dhaliwal D, Naiker V, Navissi F. 2010. The association between accruals quality and the characteristics of accounting experts and mix of expertise on audit committees. Contemporary Accounting Research, 27（3）: 787-827.

Gao B, Omer T C, Shelley M K. 2019. Do lead independent directors serving on the audit committee affect financial reporting quality? SSRN Working Paper.

Guan Y, Su L N, Wu D, et al. 2016. Do school ties between auditors and client executives influence audit outcomes? Journal of Accounting and Economics, 61（2）: 506-525.

Hansen J C, Lisic L L, Seidel T A, et al. 2019. Audit committee accounting expertise and the mitigation of strategic auditor behavior. Working Paper.

He X, Pittman J A, Rui O M, et al. 2017. Do social ties between external auditors and audit committee members affect audit quality? The Accounting Review, 92（5）: 61-87.

Lisic L L, Myers L A, Seidel T A, et al. 2019. Does audit committee accounting expertise help to promote audit quality? Evidence from auditor reporting of internal control weaknesses. Contemporary Accounting Research, 36（4）: 2521-2553.

Lisic L L, Neal T L, Zhang I X, et al. 2016. CEO power internal control quality and audit committee effectiveness in substance versus in form. Contemporary Accounting Research, 33（3）: 1199-1237.

McNichols M F. 2002. Discussion of the quality of accruals and earnings: the role of accrual estimation errors. The Accounting Review, 77（S1）: 61-69.

Onali E, Galiakhmetova R, Molyneux P, et al. 2016. CEO power, government monitoring, and bank dividends. Journal of Financial Intermediation, 27（6）: 89-117.

Schmidt J, Wilkins M S. 2013. Bringing darkness to light: the influence of auditor quality and audit committee expertise on the timeliness of financial statement restatement disclosures. Auditing: A Journal of Practice & Theory, 32（1）: 221-244.

Attributes of Audit Committee Chairs, CEO Power and Earnings Quality

Yumiao Yu, Di Sun and Jun Pan

School of Economics and Management Wuhan University, Wuhan, Hubei, China 430072

Abstract: Based on a sample of A-share listed companies over the period of 2008-2017, this paper examines the relationship between two attributes of audit committee chairs, as measured respectively by acounting expertise and powerfulness, and earnings quality. The results suggest that the audit committee chairs' overall qualifications based on the two attributescan significantly reduce the levels of accrual and real earnings management. However, CEO power significantly weakens the positive relation between audit committee chairs' overall qualifications and earnings quality. Nevertheless, a firm's industry position and the accounting expertise of its audit committee chair can substantially improve its earnings quality, and this relation is not tampered by CEO power. Our results highlight the role of the attributes of audit committee chairs in improving earnings quality and, from the regulations point of view, the importance of establishing qualification critieria for audit committee chairs of listed companies in China. Lastly, our results provide an empirical basis for the theory as well as policies that argues for the balance of CEO power in the boardroom among the board members.

Keywords: audit committee; attributes of audit committee chairs; accounting expertise of audit committee chairs; CEO power; earnings quality.

当代会计评论
第12卷第3辑
2019年

Contemporary Accounting Review
Vol.12 No.3
2019

《当代会计评论》体例格式要求

1. 稿件的首页应该提供以下信息

（1）文章标题；

（2）作者个人信息，包括作者姓名、单位、职称、职务、学位、通信地址、邮政编码、联系电话、传真、E-mail等；

（3）致谢及获得资助申明，置于首页的脚注中。

2. 稿件第2页包含以下信息

（1）文章标题；

（2）不超过200字的摘要；

（3）3～5个关键词。

3. 正文

第一级标题居中，用一、二、三等编号；第二级标题左空两格，用（一）、（二）、（三）等编号；第三级标题左空两格，用1．、2．、3．等编号；其余均以连续数字（1）、（2）、（3）等标注；同一段内连续编号用①、②、③等标注。

示例：

二、基于我国资本市场的欧拉方程检验

……

（三）实证结果及分析

……

3. 稳健性检验

为了进一步检验上述模型在解释……，本文对其做以下稳健性检验。

改变被解释变量的取值。已经过……

改变样本期。

改变……

4. 图和表

分别连续编号，并安插在正文中的相应位置。正文中须与之呼应，如“如表2所示”“如图3所示”等，指示须清楚明白，避免出现“如下表所示”“如下图所示”等语句。

图的序号和标题之间不加标点，只空一格，并置于图下方正中的位置。图例和图的注释置于图形底部。表的序号和标题之间不加标点，只空一格，并置于表格上方正中的位置。表的注释（或说明文字）和资料来源置于表格下方。

5. 公式应以（1）、（2）、（3）等连续编号，编号放置在公式所在行的最右侧。

6. 在正文中参考文献采用“著者+年份”制，即在被引用的著者姓名之后用圆括号标注参考文献的出版年代。如著者姓名和年代在同一个括号内，姓名和年代之间不加标点，空一格。

示例：

徐道一（1983）认为，生物变革时期与太阳系在银河系的运行轨迹可能有一定联系。现代生态学研究的中心是生态系统的结构与功能以及人与生物之间相互作用的关系（马世骏等 1990）。生态学的现代品格是把一个意外的结果变成一个意料中的结果，把一个偶然的事件变成一个当然的事件（Harvey 1969）。

7. 所有参考文献应放置在文章末尾，简要说明如下：

（1）中文部分参考文献在前，英文部分在后，按作者姓名的汉语拼音或英文姓名字母顺序排列。

（2）英文人名一律 “姓”全拼在前，“名”缩写在后，名缩写不加缩写点，姓、名中间加空。“姓”首字母大写，其余小写；“名”只写首字母，大写，两缩写名间加空。

示例：

Francis J，Schipper K，Vincent L. 2002. Expanded disclosures and the increased usefulness of earnings announcements. The Accounting Review，77：515-546.

（3）引用多位作者合著的文章时，列前3位作者，加“等（et al.）”。

（4）英文文章题目中，首词和专有名词的首字母大写，其余一律小写。

（5）英文书名和论文集名中实词首字母一律大写，介词和连词为小写，但首词和四个字母以上的介词首字母应大写。

（6）每条文献中各项必须齐全，并要特别注意以下容易忽略的项目：论文集编者姓名、论文集书名、专著和论文集的出版城市及出版社、起止页码等。

格式示例：

专著

作者. 出版年. 书名（包括副书名）. 版本（第一版应略去）.出版地：出版者：页码.

作者. 出版年. 文章名. 见：原出版物责任者. 原出版物名. 版本（第一版应略去）. 出版地：出版者：页码.

如果是译文，则应在文献名后加上译者姓名。如：

黑姆斯等. 2000. 生物化学. 王镜岩等译. 北京：科学出版社：365.

论文集

作者. 出版年. 文章名. 论文集编者（其前加“//”）. 论文集名. 出版地：出版者：文章的起讫页码.

刊物

作者. 出版年. 文章名. 刊物名称，卷（期，部分）：文章的起讫页码.

报纸

作者. 年　月　日. 文章名. 报纸名称，（版面第次）.

具体示例：

葛家澍. 2007. 关于在财务会计中采用公允价值的探讨. 会计研究，（3）：3-8.

李志文，姚正春，朴军. 2007. 中国股市的ROE代表什么？中国会计评论，5（3）：305-314.

张国清，赵景文. 2008. 资产负债项目可靠性、盈余持续性及其市场反应. 会计研究，（3）：

51-57.

Francis J, Schipper K, Vincent L. 2002. Expanded disclosures and the increased usefulness of earnings announcements. The Accounting Review, 77: 515-546.

Street D L, Gray S J, Bryant S M. 1999. Acceptance and observance of International Accounting Standards. The International Journal of Accounting, 34（1）: 11-48.